AF522899

Freiheit im Fokus

Irme Schaber

Freiheit im Fokus

Gerda Taro und Robert Capa in Leipzig

Mit zahlreichen Abbildungen aus

Archiv Spanischer Bürgerkrieg. Dr. Christof Kugler, Frankfurt/Main
Stadtgeschichtliches Museum Leipzig
Collection Irme Schaber

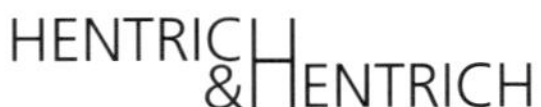

Inhalt

Vorwort

„Freiheit im Fokus" – Eine inspirierende Verpflichtung auch für unsere Zeit

Erinnerungsorte und Museen setzen mit gutem Grund auf die Zeugniskraft von Originalstätten – jener Orte also, an denen sich historisches Geschehen tatsächlich ereignete und darum in gelingenden Momenten des Besuchs ein lebendiger Dialog über Epochengrenzen und bloßes Faktenwissen hinaus möglich wird. Ereignisse jener Art, wie sie das an die US-amerikanische Befreiung Leipzigs im April 1945 und die letzten Opfer dieses von Deutschland aus entfesselten Weltkriegs erinnernde Capa-Haus verkörpert. Genau dies ist auch der Grund, warum sich das Stadtgeschichtliche Museum Leipzig heute so entschlossen zu diesem gemeinsam mit bürgerschaftlichen Akteuren vor Vergessen und Zerstörung geretteten Weltgeschichtsort im Leipziger Westen bekennt.

Keine historische Erzählung kommt jedoch ohne die Menschen aus, die diese Geschichte erleben, vorantreiben und dabei idealerweise auch noch dokumentieren. Und in uns allen, die wir uns professionell oder interessehalber mit der Vergangenheit beschäftigen, steckt eine tiefe Sehnsucht nach beispielhaft Handelnden und damit Vorbildern, die wir heute zwar nicht mehr unkritisch idealisieren müssen, an deren Beispiel und Schicksal wir uns aber orientieren können und die uns in unseren eigenen Kämpfen, Zweifeln und Neuanfängen inspirieren. Gerda Taro und Robert Capa sind zwei solcher Figuren, die als verfolgte jüdischen Menschen in außergewöhnlich finsteren Zeiten aus der geteilten Widerständigkeit heraus zusammenkamen und sich dabei mit neuen Namen und einem unerhört modernen Chronistenanspruch regelrecht neu erfanden. Die in Leipzig aufgewachsene Stuttgarterin Gerta Pohorylle und der aus Budapest stammende Endre Ernö Friedmann wurden so nach ihrer Begegnung in Paris nicht nur zu den berühmten Künstlermarken „Gerda Taro“ und „Robert Capa“, sondern sie entwickelten sich auch zu Rollenmodellen für engagierte unabhängige Frauen und das seinerzeit weitgehend neue Genre der bildbasierten Kriegsberichterstattung. Dass sie ihrem in Frankreich und vor allem Spanien gelebten Traum einer besseren Welt jenseits von Hitler und Stalin nur allzu kurz folgen konnten, hat insbesondere den Nachruhm der bereits im Sommer 1937 tödlich verunglückten Gerda lange verdunkelt und damit auch die Wahrnehmung Roberts in Richtung eines den Kriegen der Welt Hinterherreisenden und in der Wahl seiner Mittel und Sujets durchaus kaltblütigen Kameraprofis verschoben. Gerade die gemeinsamen Anfänge im vom Faschismus angegriffenen republikanischen Spanien sowie Capas Präsenz an der Seite der für die Befreiung vom Hitlerfaschismus kämpfenden amerikanischen Soldaten im Leipzig des April 1945 erinnern uns jedoch daran, dass es beiden lebenslang darum ging, die bedrohte „Freiheit im Fokus“ zu halten und unter gewollt höchstem persönlichen Einsatz neben den Schrecken des Krieges auch den todesmutigen Enthusiasmus und die überschäumende Lebensfreude der Verteidiger dieser Freiheit ins Licht zu setzen.

Es ist deshalb nötig und richtig, dass dieses Buch die posthum lose gewordenen Lebensfäden wieder verknüpft und dass wir heute im Capa-Haus konsequent immer auch an dessen Kameradin, Lebensgefährtin und bildkünstlerische Partnerin Gerda Taro erinnern. Irme Schaber, Nora Pester, dem Verlag Hentrich & Hentrich und allen Unterstützern dieses Buchprojekts sei dafür herzlich gedankt. Dass wir Heutigen diese einst so teuer erkaufte Freiheit niemals aus dem Fokus verlieren und im Geiste Gerdas und Roberts bereit sind, wann immer nötig, auch unsere eigenen Komfortzonen und Arbeitsroutinen hinter uns zu lassen, sollte zum Leitimpuls der Aktivitäten des Capa-Hauses und unserer mit so vielen engagierten Partnern verbundenen Museumsfamilie werden.

Dr. Anselm Hartinger
Direktor Stadtgeschichtliches Museum Leipzig
April 2024

„Sie war einfach charmant … Das hübsche Mädchen, dem man, wie dem Schicksal, einfach nachlaufen musste.“

Georg Kuritzkes über Gerda Taro*

* Radiointerview WDR Köln 1987

Leipzig 1929–1933

Ankunft Leipzig Hauptbahnhof

Die Fotografin Gerda Taro wurde am 1. August 1910 als Gerta Pohorylle* in Stuttgart geboren. Ihre Eltern Heinrich (Hersch) und Gisela Pohorylle (geb. Ghittel Boral) waren vor der antisemitischen Pogromstimmung und der Armut Ostgaliziens geflüchtet, das damals zu Österreich-Ungarn gehörte. Nach dem Ersten Weltkrieg und Zerfall der Donaumonarchie waren diese Gebiete Polen zugeschlagen worden, so dass die Familie Pohorylle gleichsam automatisch zu Bürgern mit polnischem Pass geworden waren. Heute gehört dieser Landstrich zur Ukraine. In Stuttgart war Gertas Vater im Eiergroßhandel tätig, wie zahlreiche Verwandte, die seit langem im Königreich Württemberg ansässig waren.

1929, im Jahr des Börsenkrachs und der Weltwirtschaftskrise, zog die bürgerlich-liberale, jüdische Kaufmannsfamilie nach Leipzig - Gerta hatte noch zwei jüngere Brüder, Oskar und Karl. Als Poho, wie Gerta Pohorylle von ihren Freunden genannt wurde, im August 1929 zum ersten Mal in die Messestadt kam, war sie gerade neunzehn geworden. Der Abschied von Stuttgart fiel schwer. Ihr innig geliebter Freund Pieter, der sie zum Hotten in Tanzbars oder ins exquisite Excelsior ausführte, fehlte ihr. Die Schulkameradin Meta und die Fussballspiele der Stuttgarter Kickers fehlten ihr. Und erstaunlicherweise vermisste sie, wie einem ihrer ersten Briefe an Meta zu entnehmen ist, sogar die schwäbische Gemütlichkeit. Die junge Frau mit kurzer Bob-Frisur, die da aus dem Zug stieg, war eine typische Neue Frau der 1920er Jahre. Kino,

* Die Schreibweise des Vornamens folgt erst ihrem Geburtsnamen, d. h. Gerta mit „t“, und später ihrem Künstlernamen, Gerda mit „d“.

Glamour, Mode, Jazzbars und Swingmusik – in dieser Welt war Gerta zuhause.

Bildung wurde in der liberalen Familie groß geschrieben. Gerta hatte eine solide Schulbildung erhalten, inklusive Schweizer Töchterpensionat. Poho sprach fließend Englisch und Französisch, und soeben hatte sie in der Stuttgarter Werkbundausstellung „Film und Foto" die

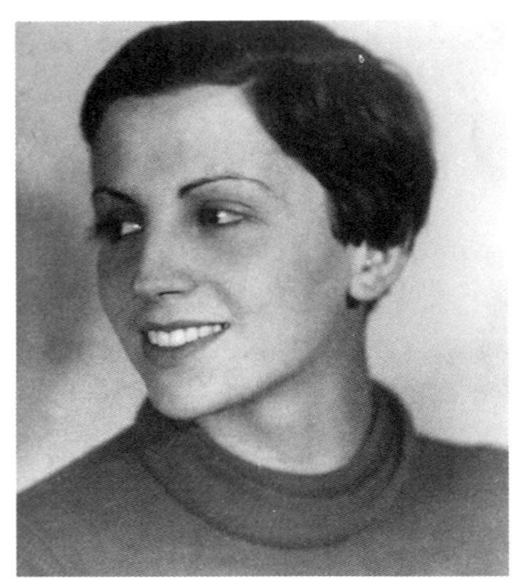

Abb. 1 Gerta Pohorylle, um 1927.

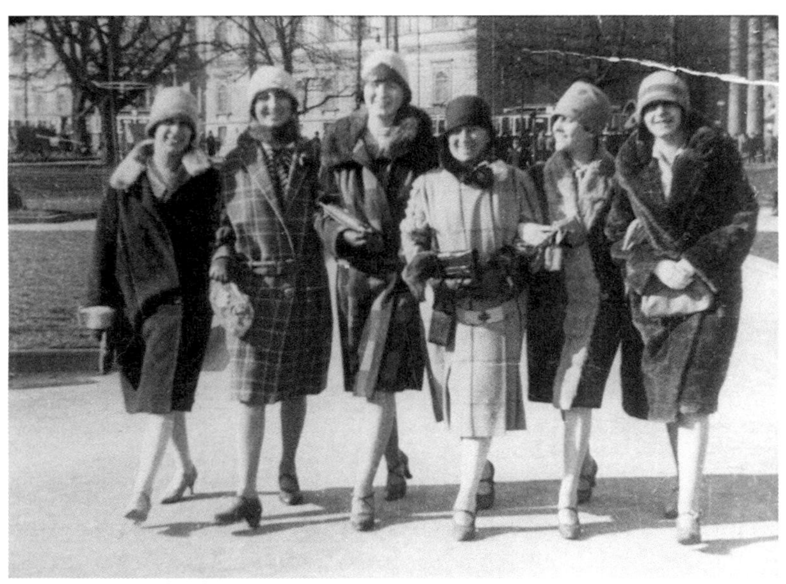

Abb. 1a Gerta (2. v. r.) mit Schulfreundinnen auf dem Schlossplatz in Stuttgart.

avantgardistische Bildsprache des Neuen Sehens für sich entdeckt. „Es kommt der neue Fotograf!" und „Benütze Foto als Waffe" lauteten die Slogans der bahnbrechenden Schau über die internationale Avantgarde der Fotografie.[1]

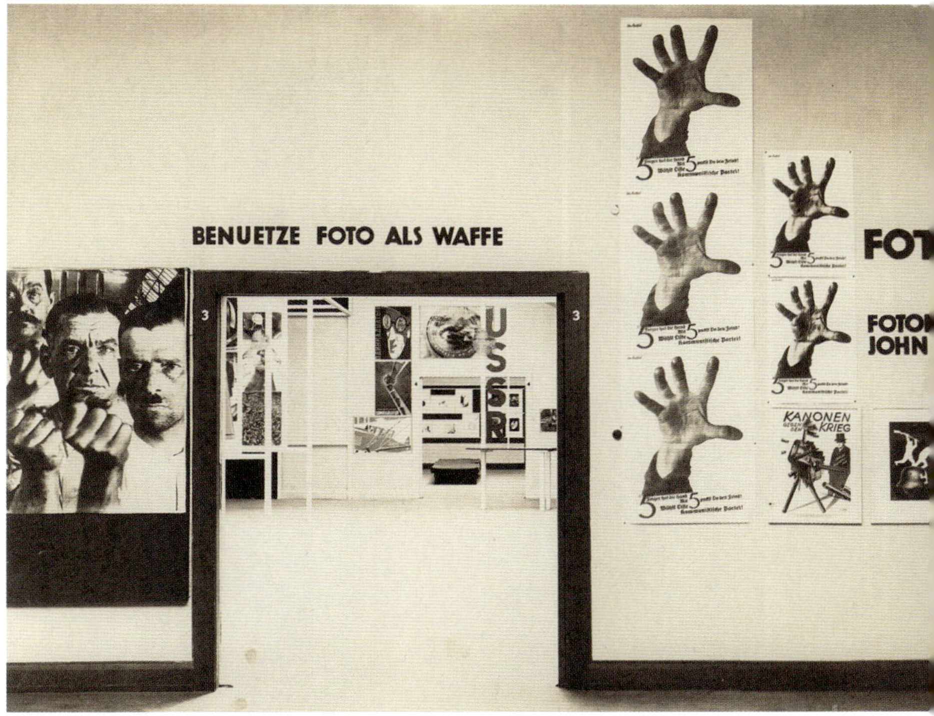

Abb. 2 Heartfield-Raum in der Stuttgarter „Film und Foto"-Ausstellung mit Blick in die sowjetische Abteilung, die von El Lissitzky gestaltet worden war. Foto von Arthur Ohler.

Heinrich Pohorylle begrüßte seine nachkommende Familie im Leipziger Hauptbahnhof mit einem Blumenstrauß. Eine moderne Wohnung in der Springerstraße 32 unweit der großzügigen Parkanlage des Rosentals in Gohlis wurde ihr neues

Zuhause. Von dort war es nicht weit zur Firma „Eier-Import Pohorylle & Brüder Born", für die er am Eutritzscher Güterbahnhof in der Berliner Straße ein eigenes Anlieferungsgleis gemietet hatte. Gerta besuchte die wenige Minuten entfernte Gaudig-Schule am Nordplatz. Die Höhere Mädchen-

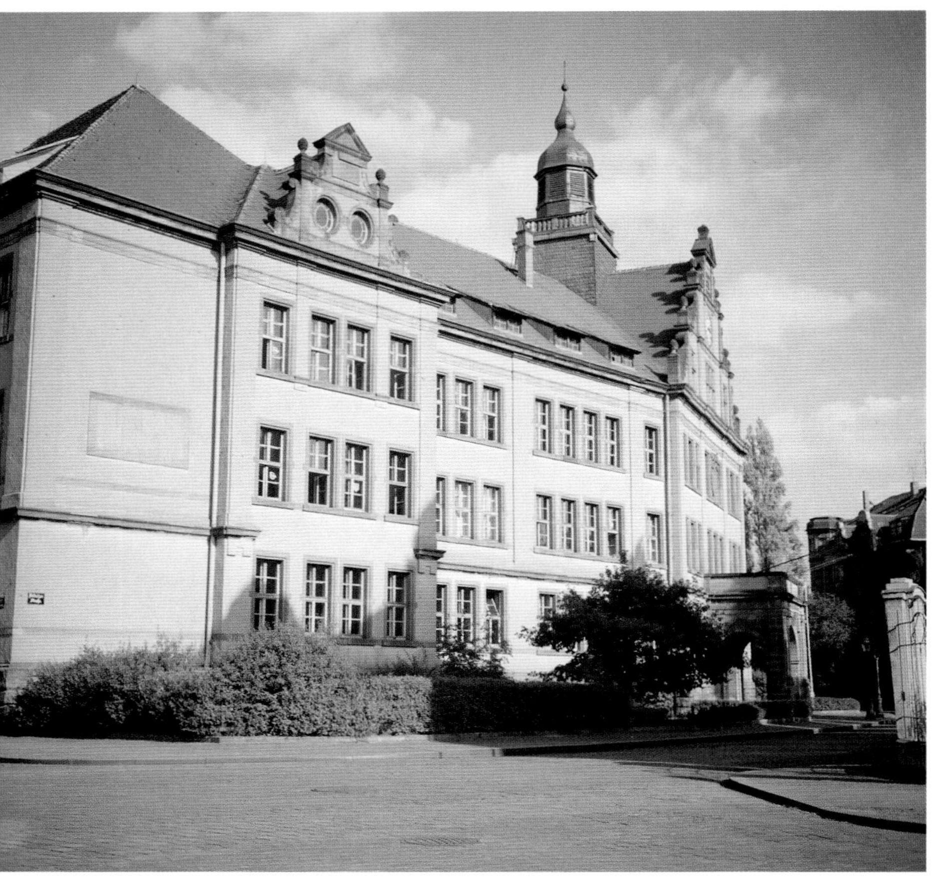

Abb. 3 Gaudig-Schule vor 1945, Döllnitzer Straße 2 (heute Lumumbastraße 2).

schule galt als ein Zentrum der deutschen Reformpädagogik[2]. Hier fand sie in Ruth Cerf eine gute Freundin, mit der sie durch dick und dünn und auch ins Exil gehen wird.[3]

Das Jahr 1929 war nicht nur für die Pohorylles ein Wendepunkt. Ein Jahr später zog die NSDAP bereits als zweitstärkste Fraktion in den Reichstag ein. In Leipzig marschierte die SA provokativ in die Arbeiterviertel. Und die jüdischen Bürger der Stadt waren entsetzt, dass die Parolen der Nazis, wie das jüdische Gemeindeblatt vermeldete, offenbar weit ins bürgerliche Lager reichten.

Aufstieg der Nationalsozialisten – Gerta politisiert sich

Der rasante Aufstieg der Nationalsozialisten und der im Alltag immer präsenter werdende Antisemitismus alarmierten und empörten die hellwache Gerta, die sich bis dahin nie für Politik interessiert hatte. Sie hörte Goebbels und Hitler reden und begriff rasch, dass die Nazis gefährlich waren und dass es um ihre und die Zukunft ihrer Familie ging.

Die gut ausgebildete und emanzipierte junge Frau reagierte sensibel auf die Judenfeindlichkeit, Diffamierung und Ausgrenzung, die da propagiert wurden und hatte das Bedürfnis, sich zu wehren. Ihr neues soziales Umfeld in Leipzig unterschied sich dabei radikal von Stuttgart. Zusammen mit ihrer Schulkameradin Ruth Cerf schloss sie sich bald schon einer Art Schülergewerkschaft an, dem *Sozialistischen Schülerbund*, der vor Faschismus und Krieg warnte und für eine gerechte, solidarische Gesellschaft trommelte.

Den wichtigsten Einfluss übte Georg Kuritzkes auf sie aus, den sie im jüdischen Sportverein Bar Kochba e.V. an der Delitzscher Landstraße kennengelernt hatte.[4] Der charmante Medizinstudent wurde nicht nur ihr neuer Freund, sondern auch Türöffner zur links-intellektuellen Szene der Stadt. Georg war im kommunistischen Jugendverband aktiv und auch seine Familie stand politisch links. Georgs Stiefvater, Dr. Karl Gelbke, und seine Mutter Dina waren beide entschiedene Hitlergegner und hatten einen nicht geringen Anteil daran, dass Gerta (in Leipzig) zu einem homo politicus heranwuchs. In der heutigen Sasstraße 22 führten sie ein offenes Haus, pflegten Kontakt mit Bert Brecht und Kurt Tucholsky. Hier verkehrte Joachim Ringelnatz, trafen sich Leipziger Intellektuelle und Künstler wie der Maler Max Schwimmer oder der Musiker und Lehrer Alfred Schmidt-Sas.

Gerta Pohorylles Leipziger Freundeskreis war fast durchweg jüdischer Herkunft und stand politisch klar gegen die Nationalsozialisten. Georg Kuritzkes, Erich Holz, Ruth Cerf, Gertrud Frank-Fromm und Willy Chardack, der spätere Erfinder des Herzschrittmachers, kamen, wie Gerta selber, im Wesentlichen aus assimilierten, säkularen Kreisen, die erst durch die faschistische Bedrohung wieder in die Rolle von ‚Juden' gedrängt wurden.[5]

Angesichts pöbelnder und schlägernder Nazi-Trupps fühlten sie sich zunehmend bedroht. Der Clique war durchaus bewusst, dass sie als Juden und Linke ganz besonders im Visier der „Braunen" standen. Schon 1931 heißt es recht unerschrocken in einem Brief von Gerta nach Stuttgart, dass die Freundin wieder von ihr hören werde, „wenn mich die Nazis nicht vorher totschlagen". Doch zugleich, so Ruth Cerf rückblickend, hätten sie „alles sehr leicht" genommen, vergaßen nicht zu leben. Vor allem Gerta sei stets aktiv, „fröhlich, lustig, lebensfroh" gewesen.

Parole der antifaschistischen Leipziger Jugend: Hitler = Krieg

Jung und antifaschistisch bewegten sie sich im Umfeld des kommunistischen Jugendverbands und insbesondere der neugegründeten Sozialistischen Arbeiterpartei Deutschlands (SAPD), welche sich vehement für eine Einheitsfront gegen Hitler einsetzte und dafür viel Zulauf von jungen Leuten bekam.[6] Anders als die Kommunisten analysierte die SAPD die Situation nicht als revolutionär. Sie glaubte aber auch nicht,

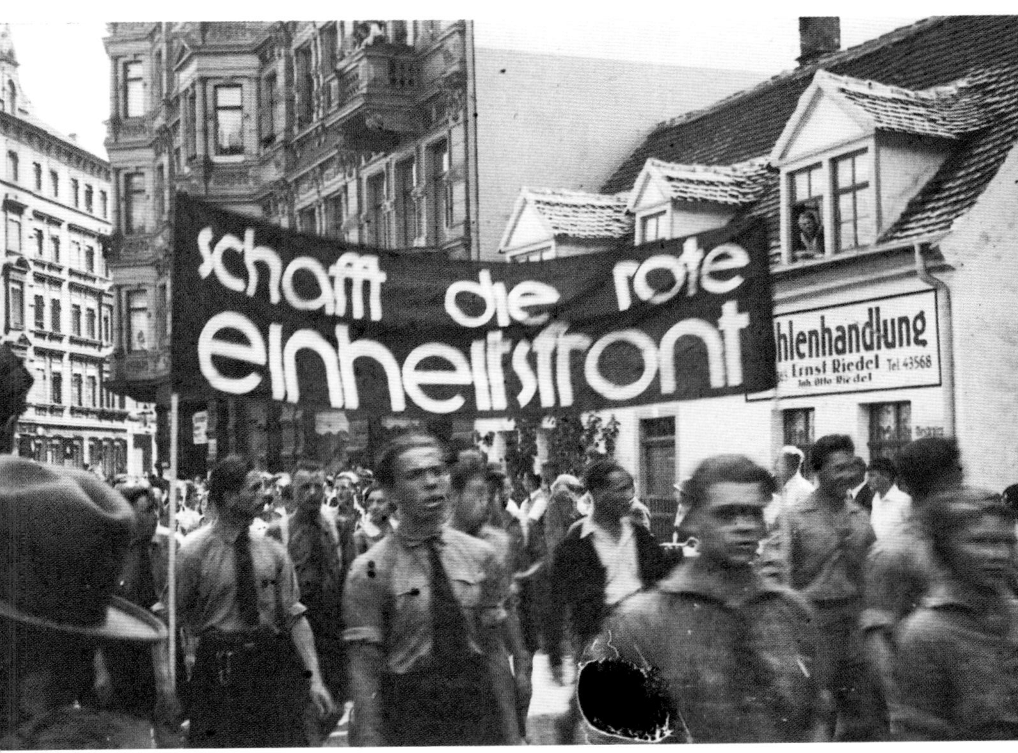

Abb. 4 Mai-Demonstration am Lindenauer Markt, 1932.

wie die SPD-Führung, dass die Nationalsozialisten parlamentarisch eingebunden und gebändigt werden könnten. Die junge Partei positionierte sich gegen Hitler, ebenso aber auch gegen Stalin. Der spätere Bundeskanzler und Friedensnobelpreisträger Willy Brandt war von Anfang an mit dabei. Gerta, die selbst nie einer Partei beitrat, wird ihn im Pariser Exil kennenlernen. „Hitler bedeutet Krieg", erklärte sie ihrer Freundin Meta in Stuttgart, die die Parole der antifaschistischen Leipziger Jugend jedoch für „völlig übertrieben" hielt.

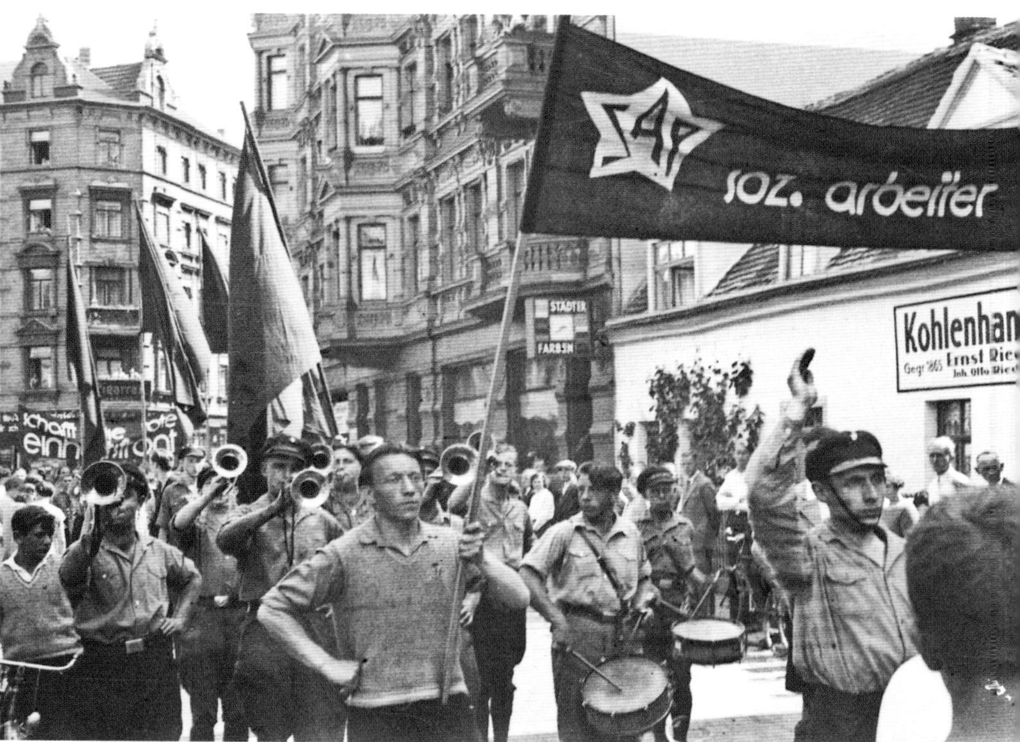

Abb. 5 Banner der SAP auf der Mai-Demonstration auf dem Lindenauer Markt, 1932.

Widerstand und Verhaftung

Auf die Machtübernahme Adolf Hitlers folgten Verhaftungen, Entführungen, Hausdurchsuchungen. Exponierte Hitlergegner konnten dem Terror nur entgehen, indem sie schleunigst ihre Heimat verließen, um Leib und Leben zu retten. Trotzdem kam es zu Protesten und Manifestationen gegen die neuen Machthaber. An Leipziger Hauswänden tauchten gleichsam über Nacht antifaschistische Parolen auf, in den Laubenkolonien im Rosental wurden Flugblätter gedruckt und in Telefonzellen fanden sich Anti-Hitler-Flugblätter. Die Leipziger Jugend meldete sich mit couragierten und ideenreichen Aktionen zu Wort.[7]

Auch Gerta und ihre jüngeren Brüder Oskar und Karl Pohorylle waren trotz der massiven Repressionen in illegale, widerständige Aktivitäten involviert. Gerta fuhr zusammen mit dem Musikpädagogen und Pazifisten Alfred Schmidt-Sas auf dem Motorrad über die Dörfer um Leipzig. Sas war ein mutiger Idealist und unorthodoxer Linker. 1943 wurde er, nach Polizeihaft und Konzentrationslager, im Strafgefängnis Berlin-Plötzensee hingerichtet.[8] Seine politische Unabhängigkeit und sein geradliniger Humanismus dürften Gerta ebenso imponiert haben wie seine Musik und Agit-Prop-Arbeit. Vorsichtig, unauffällig

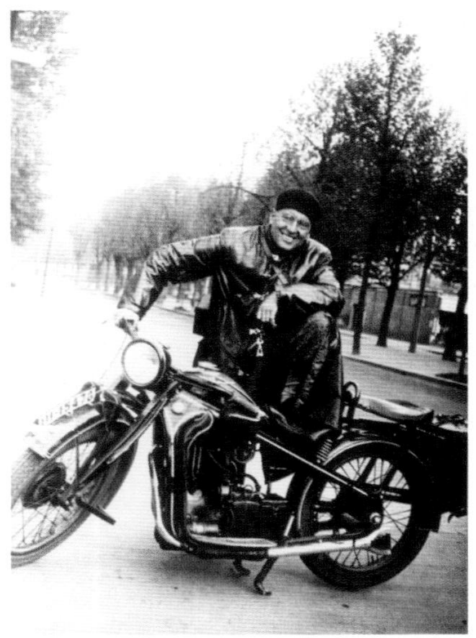

Abb. 6 Gerta fuhr mit dem Musiklehrer Alfred Schmidt-Sas auf dem Motorrad über die Dörfer und verteilte verbotene Schriften. Das Foto von Sas mit seinem Motorrad entstand im Mai 1933, als er nach seiner ersten Verhaftung freikam. Er wurde 1943 in Berlin-Plötzensee hingerichtet.

verteilten sie geheim gedruckte Flugblätter und klebten antifaschistische Plakate.

Gertas Brüder waren gewerkschaftlich organisiert. „Vom Dach des Kaufhauses Ury, in dem sie arbeiteten", berichtet Georg Kuritzkes, „ließen sie Flugblätter auf die Straße wedeln." Sie waren bereits untergetaucht, als am Abend des 18. März 1933 ein Rollkommando der SA die elterliche Wohnung in Gohlis durchsuchte und dabei Gerta verhaftete. Sie wurde in das Frauengefängnis in der Wächterstraße 5 gebracht, wo sie den Mitgefangenen wegen ihrer Anmut und schicken Kleidung auffiel. „Oh", habe Gerta selbstbewusst erklärt, „das ist nur, weil die SA mich gerade geholt hat, als ich tanzen gehen wollte." Zum Zeitvertreib übte sie mit den Zellgenossinnen Englisch und Französisch, sang amerikani-

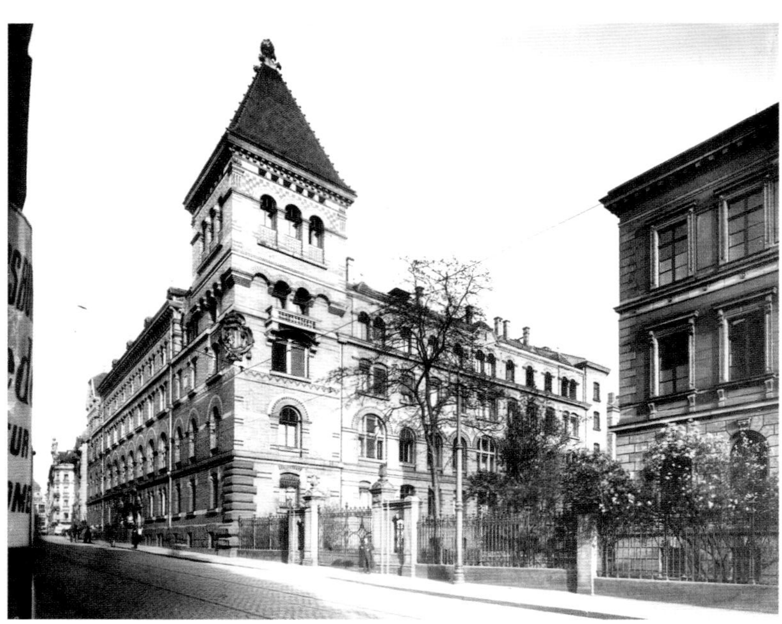

Abb. 7 Polizei-Amt, Wächterstraße 5, um 1914.

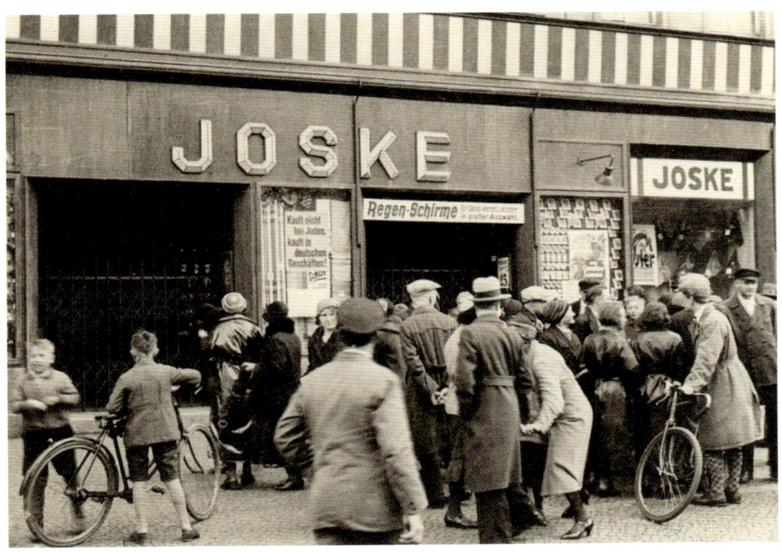

Abb. 8 Staatlich organisierter Boykott vor dem Kaufhaus Joske am 1. April 1933.

sche Schlager. Auch das Klopfalphabet, so eine Mitgefangene, habe sie ihnen beigebracht und unerschrocken den Protest angeführt, als sie die Schreie geprügelter Kameraden hörten. Jetzt war die Herkunft der Eltern hilfreich, die Himmel und Hölle in Bewegung setzten, um ihre Tochter frei zu bekommen. Durch den energischen Protest des polnischen Konsuls wurde Gerta Pohorylle nach achtzehn Tagen aus der sogenannten Schutzhaft entlassen. Ihr war klar, dass sie Hitlerdeutschland so bald wie möglich verlassen musste. Im Herbst floh sie nach Paris.

Nicht nur der Gefängnisaufenthalt von Gerta war für die Familie eine Zäsur. Der Boykott jüdischer Geschäfte, zu dem am 1. April in Leipzig, wie überall in Deutschland, aufgerufen worden war, trug wohl mit dazu bei, dass Heinrich Pohorylle noch 1933 seinen Betrieb aufgab.

„Wir haben dann beide sehr wenig Geld gehabt, so dass wir übers Wochenende meistens im Bett gelegen sind, damit wir Kalorien sparen. Ich weiß nicht mehr, von was wir gelebt haben, aber von ganz wenig.“

Ruth Cerf über die erste Zeit mit Gerda Taro im Exil*

* Radiointerview WDR Köln 1987

Paris 1933–1936

Exil in Paris

Frankreich litt unter den Folgen der Weltwirtschaftskrise. Es herrschte Wohnungsnot und extrem hohe Arbeitslosigkeit. Die Flüchtlinge aus Nazideutschland waren nicht willkommen und hatten Arbeitsverbot. Trotzdem wurde Paris für Gerta Pohorylle – die perfekt Französisch sprach – Zufluchtsort und Traumstadt zugleich. Auch, weil sich Ruth Cerf und weitere Leipziger Freunde sowie Emigranten aus dem Umfeld der SAPD im dortigen Exil wiederfanden. Unweit vom Jardin du Luxembourg fanden Ruth und sie bei einer „grässlichen“ Vermieterin ein ärmliches Zimmerchen. Die Cafés am Montparnasse wurden ihnen Wohnzimmer, Treffpunkt, Nachrichten- und Jobbörse zugleich. Durch den Fotografen und SAPD-Genossen Fred Stein, dem sie auch in der Dunkelkammer half, kam Gerta Pohorylle erstmals aktiv mit der Fotografie in Berührung. Der Jurist aus Dresden, der bis 1933 in Leipzig studiert hatte und die Stadt ebenfalls aufgrund antifaschistischer Widerstandsaktionen verlassen musste, betrieb im Exil ein kleines Fotostudio, da künstlerische Tätigkeiten nicht vom Arbeitsverbot betroffen waren.

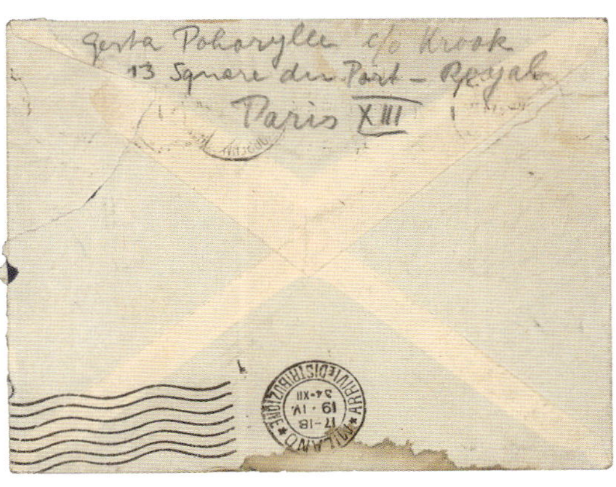

Abb. 9 Brief von Gerta Pohorylle an Georg Kuritzkes in Mailand vom Dezember 1934 mit ihrer ersten Wohnadresse.

Anfangs war es hart, sich in der Wirtschaftskrise unter Tausenden von Emigranten über Wasser zu halten. Es gab Wochenenden, an denen sie nicht aufstand, um möglichst wenige Kalorien zu verbrauchen. Nicht besser ging es dem ungarischen Fotografen André Friedmann, der als verfolgter Linker aus Budapest nach Berlin und von dort als Jude nach Paris geflüchtet war.

Es war der Beginn einer großen Liebesgeschichte, als die beiden sich an einem Septembertag des Jahres 1934 auf dem Montparnasse kennenlernten. Gerta schlug sich mit allerlei Gelegenheitsjobs und Schwarzarbeit durch, er mühte sich um Fotoaufträge. Es gab einiges, was die beiden jungen Leute verband. Sie waren politische Flüchtlinge, knapp bei Kasse und ihre Namen verrieten sofort die osteuropäisch-jüdische Herkunft. Sie teilten die Erfahrung von Entwurzelung, Verlust von Heimat und Familie. Doch trotz existentieller Sorgen wollten sie das Leben genießen, Paris entdecken. Sie waren fröhlich, voller Lebensmut und hatten, wie sie sofort feststellten, denselben Humor. Eigentlich hatte Gerta nur ihre Freundin Ruth begleiten wollen, die André für einen Werbeauftrag Modell stand – obwohl er nicht einmal das Geld für einen Kaffee hatte.

Endre Ernö Friedmann, so sein bürgerlicher Name, wurde 1913 als Sohn einer jüdischen Schneiderfamilie in Budapest geboren. Aufgrund seiner Kontakte zur linken Opposition unter dem autokratischen und antisemitischen Horthy-Regime kurzzeitig verhaftet, hatte er schon als 17-Jähriger seine Heimat verlassen müssen. In Berlin schrieb er sich zwar an der Deutschen Hochschule für Politik ein, war jedoch mehr damit beschäftigt, seinen Lebensunterhalt zu verdienen. Bis zur Machtübernahme von Adolf Hitler arbeitete er erst als Laufbursche, dann als Assistent bei der Fotoagentur Dephot in Berlin, einer Talentschmiede des modernen deut-

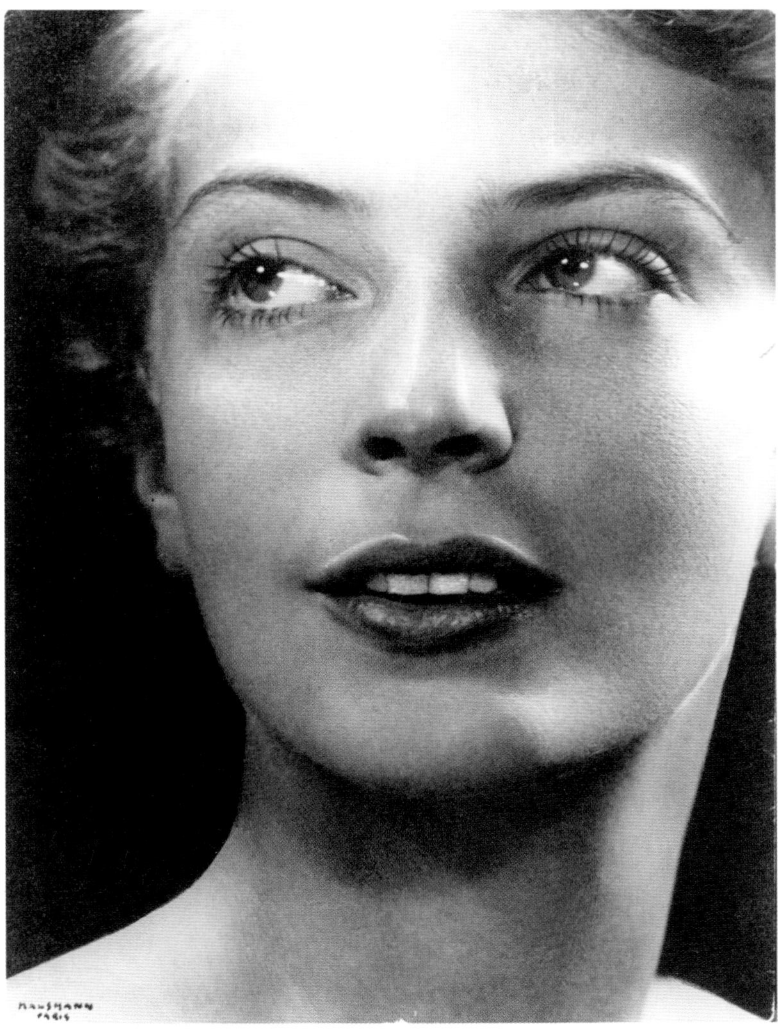

Abb. 10 Ruth Cerf, fotografiert von Philipp Halsmann. Das Foto wurde 1937 im Foto- und Filmpavillon auf der Pariser Weltausstellung gezeigt. Zur Aufnahme im Studio von Halsmann hatte Ruth Gerta mitgenommen. Beide, Gerta und Ruth, arbeiteten im Pariser Exil als Models.

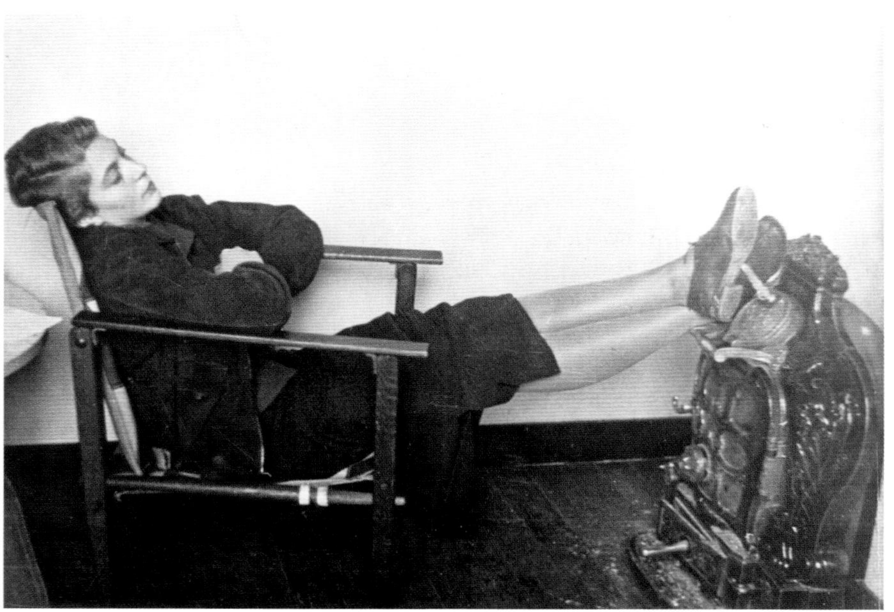

Abb. 11 Ruth Cerf im Studio in der Rue Froidevaux, ca. 1938, fotografiert von Robert Capa. „Der Ofen", so Ruth Cerf, „war mehr Schmuck als dass er heizte und der Stuhl auf dem ich hier sitze, war von Gerda gekauft. Sie hatte die wenigen, aber sehr modernen Möbel besorgt."

schen Fotojournalismus.[9] Friedmann verdiente wenig und lernte viel. Schon seine erste Bildreportage über Leo Trotzki, die Ende 1932 im „Welt-Spiegel" erschienen war, machte Furore. Wenige Monate später, noch in der Nacht des Reichstagsbrandes, war der Fotograf aus Berlin geflohen, musste in Paris von vorn anfangen. Für Emigranten gab es selten Arbeit. Er nannte sich André und brachte kaum das Geld für die Miete zusammen. Weil er seine einzige Wertsache, die Fotokamera, mit der er arbeitete, vernünftigerweise nur im äußersten Notfall verpfändete, hatte er bei seinen Bekannten mittlerweile einen Ruf als „Pumpgenie".

Die Welt durch einen Sucher betrachten

Mit André begann Gerta Pohorylle das (Kamera)Auge zu schulen und professionell zu fotografieren. Er lehrte sie, die Welt durch einen Sucher zu betrachten, dicht ans Geschehen zu gehen und, wie die Fotoavantgarde, eine ganz eigene und zeitgemäße Bildsprache zu entwickeln – Ausdruck sich verändernder Lebensumstände. André wurde in den Kreis ihrer Leipziger Freunde aufgenommen, Gerta lernte im Café du Dôme die Kollegen von André kennen. Seinen Landsmann und Mentor André Kertész, den französischen Fotokünstler Henri Cartier-Bresson und Andrés besten Freund, den Polen „Chim" Dawid Szymin. Sie mochte und schätzte den intellektuellen und stillen Mann, der unter seinem Kürzel bereits ein anerkannter Fotoreporter war. Chim hatte zwei Jahre an der Hochschule für Grafik und Buchkunst (Akademie für Graphische Künste und Buchgewerbe) in Leipzig studiert. Gut möglich, dass sie sich schon über den Weg gelaufen waren.

Friedmann hatte über Simon Guttmann, seinen Förderer von der Berliner Agentur Dephot, zwei kleine Fotoaufträge in Spanien vermittelt bekommen. Ostern 1935 fotografierte er die Semana Santa, die Prozessionen der Karwoche in Sevilla. Von dort schrieb er Gerta, nachdem er in der Granja Gayango „ein Glas Manzanilla gefrühstückt" hatte, auf dem Briefbogen der Konditorei einen ausführlichen Brief, den er in seinem fehlerhaften Deutsch mit einer kleinen Liebeserklärung abschloss: „... zuweilen bin ich doch dir ganz verliebt".

Das Paar zog in ein kleines Apartment beim Eiffelturm und begann, sich selbstständig zu machen. Unabhängigkeit war beiden wichtig, auch wenn die Kamera hin und wieder im Pfandleihhaus lag. Gertas perfektes Französisch öffnete die Türen der französischen Redaktionen. Liebe und Arbeit – das Fotografenpaar hatte hochfliegende Pläne und lebte

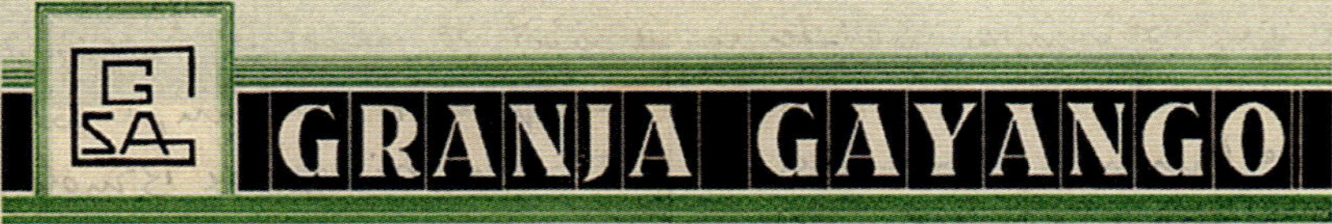

Tel. 27341

SEVILLA

Gerda, ich warte seit eine Stunde an Don José Felippo Octavio de Toledo und ich werde noch zwei Stunden lang warten müssen. Ich dachte bisher unpünktlich sein ist Lebensauffassung, es ist weit nicht so interessant, es ist nur spanische Nationalcharakter, zeitweise von europäischen Juden nachgeahmt. Ich werde Don José um 100 peseta anpumpen. Bis jetzt war ich der Weltpresse, nun in Sevilla ist mein Glaube an mein Mächtigkeit, hauptsächlich mein Vorschuss im Schwanken geraten. Es kommt ja alles von der Fiesta. Ich meinte in Madrid, ich wäre ein Unmensch geworden, sogar abends im Bett gehen dachte ich, dass mein Stratosferenflieger den 25000 m doch nicht erreichen wird und dass ich doch vergessen habe ihn im Familienkreis zu photographieren. Und da bin ich unverantwortlicherweise nach Sevilla gefahren, weil da Fiesta ist. Und jetzt denke ich an keine Flieger mehr, aber ich denke an Don José. An etwas muss man leider immer denken. Jedenfalls vormittags, weil abends ist immer Fiesta. und dann denkt man gar nicht mehr, die Strassen sind voll und halb besoffen und die Menge ist so dicht, dass man

Abb. 12 Am Schluss seines Briefes vom April 1935 wagte André Friedmann eine kleine Liebeserklärung an Gerta, nachdem er „ein Glas Manzanilla gefrühstückt" hatte.

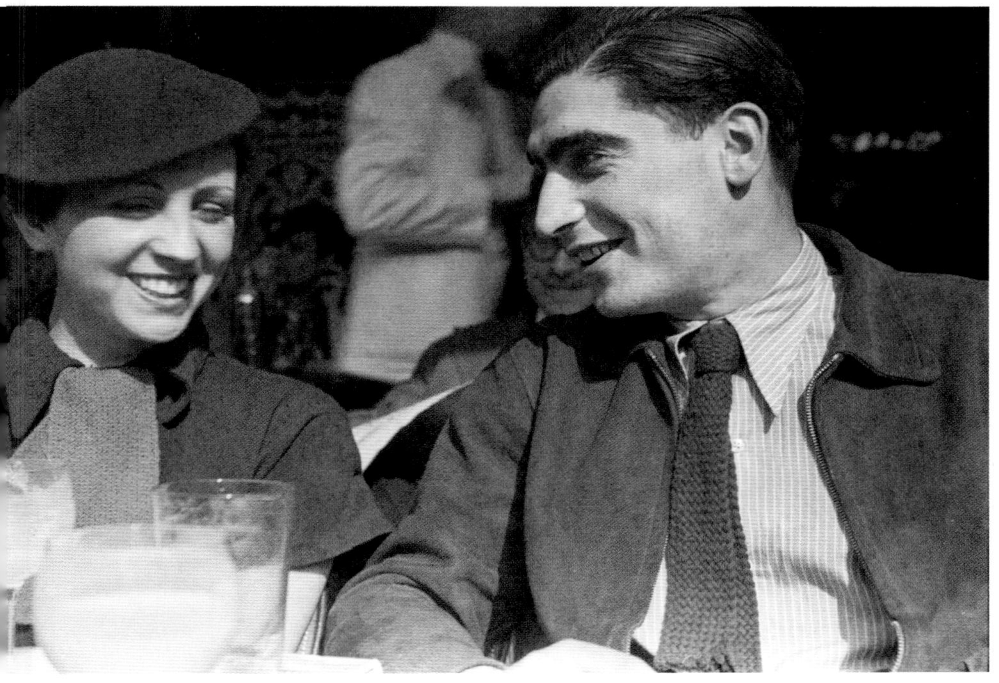

Abb. 13 Gerta und André auf der Terrasse des Café du Dôme, fotografiert von Fred Stein, Paris, 1935/1936.

eine moderne, gleichberechtigte Partnerschaft. Ruth Cerf schildert Gerta auch in magersten Zeiten als „große Ästhetin" und elegante Erscheinung. Friedmann, der mit abgetragener Lederjacke herumlief, trug jetzt Krawatte und war „höllisch rasiert". Kein Brief in jenen Tagen, in dem er nicht auf seine Metamorphose, auf Kleidung, blank geputzte Schuhe oder Haarschnitt zu sprechen kam. Das Bohèmeleben, schrieb er seiner Mutter, war vorbei. Sie standen früh auf und ihre Arbeitstage waren lang und hart. Mademoiselle Pohoryl-le hatte dank ihrer Sprachkenntnisse und Andrés Kontakten eine Stelle als Bildredakteurin bei Maria Eisner bekommen, die für kurze Zeit Simon Guttmanns Repräsentantin in Paris gewesen war. Mittlerweile führte sie die von einem Fotogra-

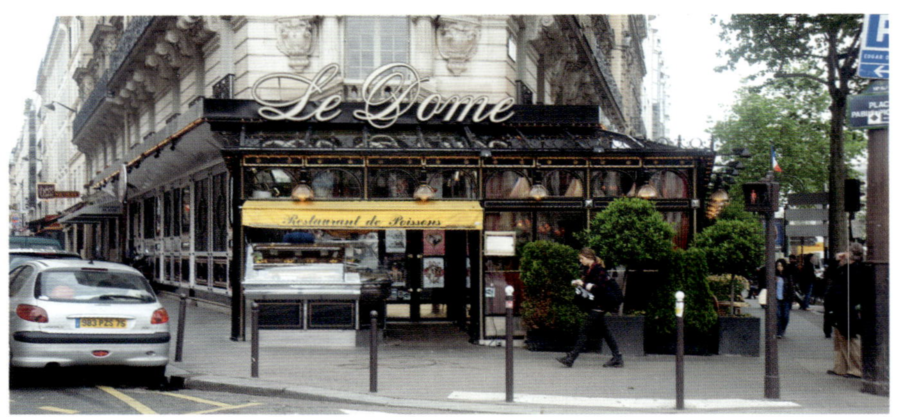

Abb. 14 Das Café du Dôme an der Ecke des Boulevard Montparnasse und der Rue de l'Ambre gibt es bis heute. In den 1930er Jahren wurde das Künstlerlokal zu einem Treffpunkt der Exilanten aus Hitlerdeutschland.

fenkollektiv um René Zuber und Pierre Boucher gegründete Agentur Alliance Photo und benötigte dringend eine Assistentin. Gerta Pohorylle lernte den internationalen Fotomarkt kennen, eignete sich fotoästhetisch und handwerklich viel Neues an. Sie bezog ein kleines, aber festes Gehalt, das nicht nur die Miete sichern half, sondern auch eine Kamera finanzierte, mit der sie bereits wenige Monate später in Spanien reüssieren wird.[10] André war begeistert und berichtete voller Stolz und in seiner zu Übertreibungen neigenden Art, dass die Firma dank Gertas Schönheit und Intelligenz nun das Sechsfache an Fotos umsetzen würde.[11]

Allerdings musste das junge Paar feststellen, dass Disziplin und Fleiß nicht genügten, um von der Fotografie leben zu können. Die beiden waren nicht die einzigen Emigranten, die sich in Paris als Fotografen ihr Brot verdienen und das Aufenthaltsrecht sichern wollten. Im Gegenteil, der Wettbewerb war hart, und der französische Fotografenverband beschwerte sich mittlerweile über die Konkurrenz der Emigranten aus Nazideutschland.[12]

Robert Capa und Gerda Taro

Das Paar setzte seiner Rolle als Flüchtlinge im Frühling 1936 einen fiktiven Lebensentwurf entgegen. Die Idee, sich international klingende Künstlernamen zu geben, kam von Gerta, die in der weltweit tätigen Fotoagentur die Gesetze des Marktes und der Vermarktung kennenlernte. Sie sollten über Sprachbarrieren hinweg lesbar und möglichst ohne religiöse oder politische Konnotierung sein.

Als Gerda Taro und Robert Capa hofften sie, ihr Flüchtlingsimage abstreifen und ihre Fotos besser verkaufen zu können. Sich neu zu erfinden war eine Reaktion auf ihre angespannte finanzielle Situation im Exil. Vor allem aber war es auch ein Akt der Selbstbehauptung, eine ebenso kluge wie kreative Antwort auf die Negation und Verfolgung durch die Nazis. Capa und Taro wollten nicht Opfer sein, sich nicht unterkriegen lassen, sondern für ihre Zukunft und Freiheit kämpfen. Zu zweit fiel ihnen das leichter als alleine. Es war ihre Liebesverbindung, die sie stärkte und die ihre Arbeit beflügelte.

Von Robert Capa heißt es, dass er sich an dem damals sehr erfolgreichen Hollywood-Regisseur Frank Capra orientierte. Auch Taro ließ sich vom Glamour der Filmwelt inspirieren. Der Gleichklang zum Weltstar „Greta Garbo“ dürfte so erwünscht gewesen sein wie bei Capas Vorbild. In ihrem Fall gab es mit dem japanischen Maler Taro Okamoto aber auch einen Namenspaten im Umfeld ihres Pariser Freundes- und Bekanntenkreises. Um die Vermarktung anzukurbeln erfand das Paar zunächst augenzwinkernd die Legende von einem fantastisch erfolgreichen amerikanischen Fotografen namens Robert Capa, dessen teure Bilder seine Agentin verkaufte.

Capa erzählte viele Jahre später, als er es längst gewohnt war, sein eigenes Leben zu fiktionalisieren, dass sie diese Figur geschaffen hatten, um Aufmerksamkeit bei den französischen Redakteuren zu wecken. Der Trick habe wunderbar funktioniert, sie seien die Fotos zum dreifachen Preis losgeworden. Schriftliche Belege dafür gibt es nicht, jedoch den „amerikanischen" Haarschnitt, den er sich damals zulegte und zeitlebens beibehielt.[13] Heute markiert diese Erfindung einen fotohistorischen Einschnitt.

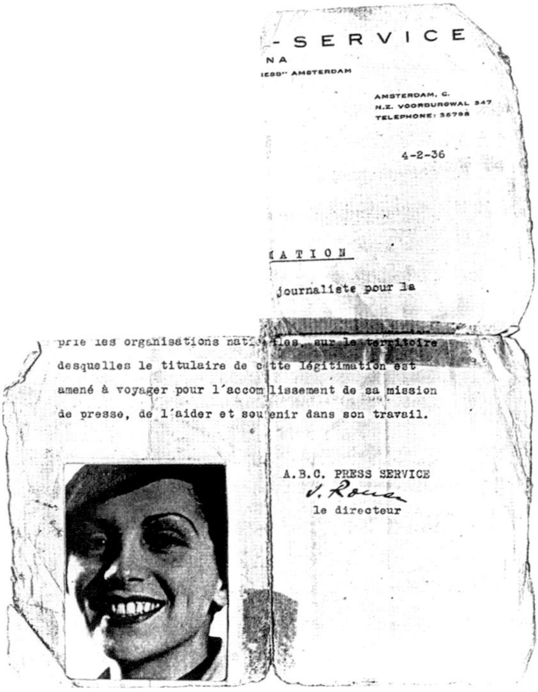

-SERVICE
NA
AMSTERDAM
AMSTERDAM, C.
N.Z. VOORBURGWAL 347
TELEPHONE: 35798
4-2-36
ATION
journaliste pour la
prie les organisations nat... sur le territoire desquelles le titulaire de cette légitimation est amené à voyager pour l'accomplissement de sa mission de presse, de l'aider et soutenir dans son travail.
A.B.C. PRESS SERVICE
le directeur

Abb. 15 Presseausweis vom A.B.C.-Press-Service, Amsterdam.

Die beiden verkehrten in antifaschistischen Emigranten- und Künstlerkreisen und verstanden Fotografie als materielles und ästhetisches (Über)Lebenskonzept. Schließlich fielen freie künstlerische Berufe nicht unter das in Frankreich herrschende Arbeitsverbot für Flüchtlinge. Mit großer Beharrlichkeit und Sinn für Möglichkeiten verfolgten sie ihren Weg. Im Februar 1936 hatte Taro ihren ersten Presseausweis erhalten, und wo es ging, half man sich gegenseitig. Das Trio Capa, Taro und Chim teilte Kameras und ein winziges Studio mit Dunkelkammer in der Rue Daguerre; sie waren Mitglieder der AEAR geworden, einer Schriftsteller- und Künstlervereinigung der Volksfrontzeit, mitsamt Fotosektion, die sich klar gegen Faschismus und Krieg positionierte.[14]

Ende April 1936 war das Paar auf die westliche Seite des Jardin du Luxembourg gezogen. Das einfache Hotel in der Rue Vavin lag wenige Minuten vom Café du Dôme entfernt. Robert Capa war von Chim ein Auftrag zugeschanzt worden. Er fotografierte dafür in besetzten Fabriken und die großen Demonstrationen des Front Populaire, der französischen Volksfront-Bewegung. Seine Fotos erschienen im Wochenmagazin *Regards*, einer der bedeutendsten französischen Illustrierten der Zwischenkriegszeit. Allerdings, wie damals durchaus üblich, ohne den Fotografen namentlich zu nennen; in den 1930er Jahren gab es keine oder laxe Standards, was die Autorschaft betraf. Doch das sollte sich bald ändern. Mit ihrer engagierten Berichterstattung aus dem Spanischen Bürgerkrieg verhalfen Robert Capa und Gerda Taro dem Urhebernachweis in der Fotografie mit zum Durchbruch.

„Wenn man bedenkt, wie viele großartige Menschen, die wir beide kennen, allein in dieser Offensive umgekommen sind, kommt einem der absurde Gedanke, dass es irgendwie unfair ist, noch am Leben zu sein.“

Gerda Taro*

* Gerda Taro zu ihrem englischen Kollegen Claude Cockburn am 9. Juli 1937 über die Brunete-Offensive. (Zitiert aus Jay Allen, Vorwort zu Robert Capa und Gerda Taro, *Death in the Making*, 1938.)

Spanischer Bürgerkrieg 1936–1939

17. Juli 1936 Militärputsch

Im Juli 1936 putschte General Francisco Franco gegen die kurz zuvor rechtmäßig gewählte republikanische Regierung. „Viva la muerte! – Es lebe der Tod!“, lautete der bezeichnende Schlachtruf seiner Elitetruppen. Aus dem anfangs fast misslungenen Militärputsch wurde durch die Unterstützung von Hitler und Mussolini ein internationaler Konflikt und Spanien zum Experimentierfeld für neueste Waffen und Strategien. Gleichwohl beharrten die demokratischen Staaten Europas und die USA auf Nichteinmischung. Diese Appeasement-Politik im Hinblick auf Nazideutschland schwächte die Spanische Republik und brachte sie in Abhängigkeit von Stalin. Denn neben minimaler Hilfe aus Mexiko verblieb die Sowjetunion als einziger Unterstützer.

Freiwillige aus aller Welt eilten nach Spanien, um gegen den erstarkenden Faschismus in Europa zu kämpfen und die attackierte Republik zu verteidigen. Unter ihnen Künstler und Intellektuelle wie der britische Autor George Orwell, der Amerikaner Ernest Hemingway und die französische Philosophin Simone Weil, die

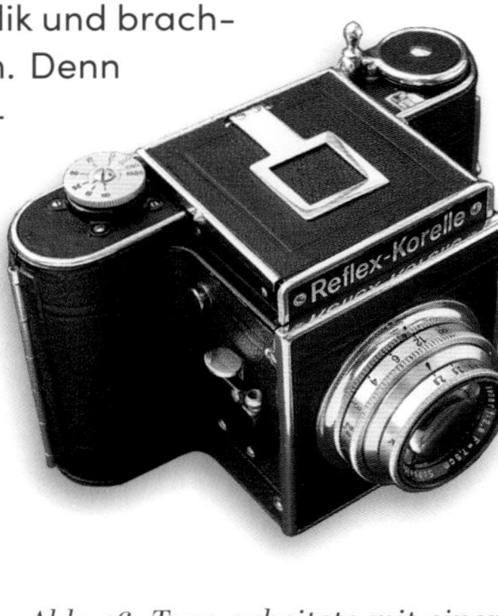

Abb. 16 Taro arbeitete mit einer Spiegelreflexkamera der Firma Kochmann aus Dresden. Abb.: Reflex-Korelle von 1935 mit Schneider-Kreuznach Objektiv.

ihre freiheitlichen Ideale in Gefahr sahen. Orwell griff selbst zur Waffe, andere, wie der chilenische Konsul und Dichter Pablo Neruda, verfassten Gedichte, wurden zu engagierten Augenzeugen.

Für das jüdische Fotografenpaar war der Bürgerkrieg nicht nur eine berufliche Herausforderung. Spanien war ihre Hoffnung. Erstmals gab es Widerstand, erstmals wurde gegen den Faschismus gekämpft. Taro kündigte bei Alliance Photo, Ende Juli 1936 waren sie und Capa startklar, um den wichtigsten Kampf ihrer Generation, den Kampf gegen den Faschismus zu dokumentieren. Wie viele NS-Emigranten, die sich nach Barcelona und Madrid aufmachten, glaubten sie, dass in Spanien Hitler und der europäische Faschismus geschlagen und der Zweite Weltkrieg verhindert werden könne.[15]

Die ersten Fotos: Barrikaden, bewaffnete Frauen, Landverteilung

Die Kämpfe waren vorüber, „durch die Straßen hallten keine Schüsse mehr". In den beiden größten Städten Spaniens, in Madrid und Barcelona, hatte „das Volk triumphiert". So beschrieb Robert Capa die Situation, als Gerda Taro und er am 5. August 1936 Barcelona erreichten. In Katalonien war die Abwehr des faschistischen Putsches in eine soziale Revolution gemündet. „Freiheit", „gerechte Landverteilung", „Bildung für alle", lauteten die Parolen.[16] Robert Capa fotografierte mit einer Leica III, einer 35mm Kleinbildkamera. Gerda Taro fing den hoffnungsvollen Aufbruch der spanischen Frauen, den Ausnahmezustand des Sommers 1936, mit ihrer Reflex-Korelle 6x6 ein, einer hochwertigen Spiegelreflexkamera aus Dresden.[17] Später wechselte auch sie zur Leica. Capa und

Taro arbeiteten in diesen ersten Tagen eng zusammen. Fasziniert fingen sie die Atmosphäre ein, fotografierten die bewaffneten Frauen und Männer der Milizen, oftmals dasselbe Motiv aus unterschiedlichen Blickwinkeln.

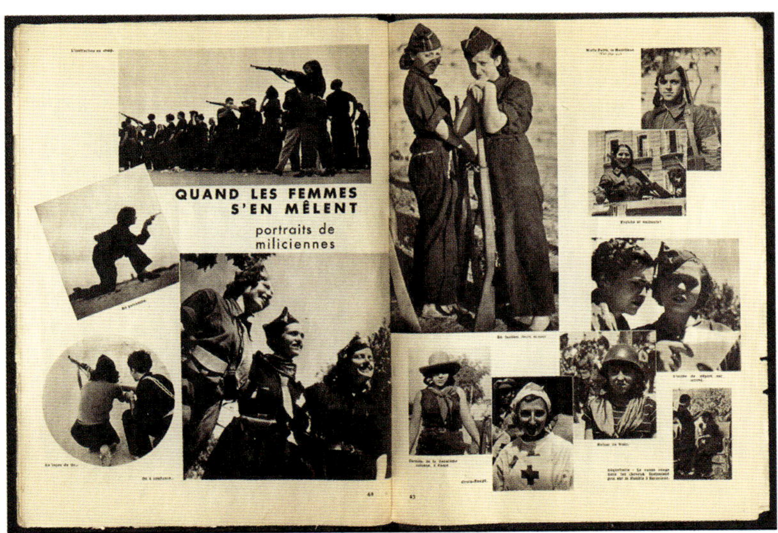

Abb. 17 In den Medien waren Bilder von bewaffneten Frauen sehr gefragt. Sie symbolisierten den gesellschaftspolitischen Umbruch. Linke Seite: Republikanische Milizionärinnen bei der Ausbildung am Strand von Barcelona, fotografiert von Robert Capa (oben u. Kreis) und Gerda Taro (quadratische Formate Mitte u. r. unten), erschienen am 29. August 1936 in VU en espagne *ohne namentliche Erwähnung.*

Beide waren formal beeinflusst von der Bildästhetik der Weimarer Republik: dem Neuen Sehen, dem Avantgarde-Film und der jungen sowjetischen Fotografie. Taro erfasste als junge Fotografin intuitiv die visuellen Codes der Revolution, gestaltete das Neue in einer erstaunlich klaren grafischen Bildsprache, die die Energie, das utopische Potential der Ereignisse, veranschaulicht. Ihre Bilderserie von Frauenpatrouillen und Milizionärinnen bei Schießübungen am Strand von Barcelona erzählt von einem neuen Frauenbild und war Taros erster Erfolg. In Paris, London und New York symbolisierten die Kämpferinnen die tiefgreifenden politischen und gesellschaftlichen Umbrüche in Spanien.

Die Kamera zieht in den Krieg

Mit Soldaten überfüllte Eisenbahnzüge fuhren zur Front. Lachend, singend und mit erhobenen Fäusten verabschiedeten sich die jungen Männer von ihren Angehörigen.

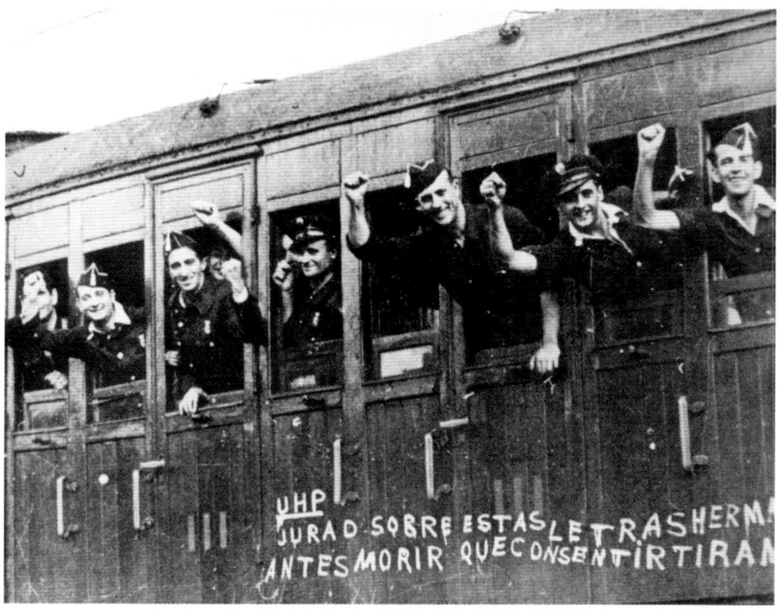

Abb. 18 Robert Capa fotografierte die Abreise zur Aragon-Front, Barcelona 1936.

Capa versah die Aufnahmen in „Death in the Making", dem 1938 erschienenen Fotoband mit Gerda Taros und seinen Bildern aus einem Jahr Spanienkrieg, mit dem traurigen Kommentar, dass diese Männer nicht wussten, dass nun ernsthaft Krieg war und sie nicht ahnten, was ihnen bevorstand. Er hätte hinzufügen können, dass auch Gerda und er dies nicht wussten. Sie fuhren, wie die Soldaten, begeistert in ihren ersten Krieg.

Nur vier Wochen später und hunderte staubige Kilometer südlicher entstand an der Córdoba-Front das berühmteste Bild des Spanischen Bürgerkriegs. Robert Capas Fotografie „Tod eines spanischen Loyalisten" schockierte die Weltöffentlichkeit. Die Schockwirkung des für gewöhnlich „The Falling Soldier" genannten Bildes beruht darauf, dass die Kamera etwas festgehalten hat, was eigentlich nicht sichtbar ist – den Augenblick des Todes. Der fallende Milizionär wurde gleichzeitig von der Kugel und vom Auge der Kamera erfasst. Die Apparatur hatte das scheinbar typische des Soldatentods und die eigentümliche Wendung, dass ein Soldat nicht stirbt, sondern fällt, in dieser fast allegorischen Momentaufnahme fixiert. Außer ihm und seinem Gewehr sind symbolhaft nur Himmel und Erde zu sehen.

The Falling Soldier: Ikonografisch steht das Bild in der Tradition der Malerei der Romantik und des Klassizismus. Einen fotografischen Vorläufer gibt es nicht. Zwanzig Jahre nach Robert Capas Tod wurde der Vorwurf laut, dass der „Fallende Milizionär" eine Inszenierung sei. Dadurch kamen überhaupt erst Nachforschungen zu Ort und Entstehungsgeschichte des Bildes in Gang. Heute weiß man, dass die berühmte Aufnahme in der Nähe von Espejo entstand und dass auch Gerda Taro den Mann und seine Gefährten fotografierte. Die Front war ruhig, aber laut Capa, der im Schützengraben stand, sei plötzlich scharf geschossen worden. Er habe die Kamera über den Kopf gehalten und abgedrückt. Doch noch immer gibt es viele Unklarheiten. Die Negative sind verschwunden und vor allem bleibt die Frage, ob das Bild gestellt ist, weiterhin offen.[18]

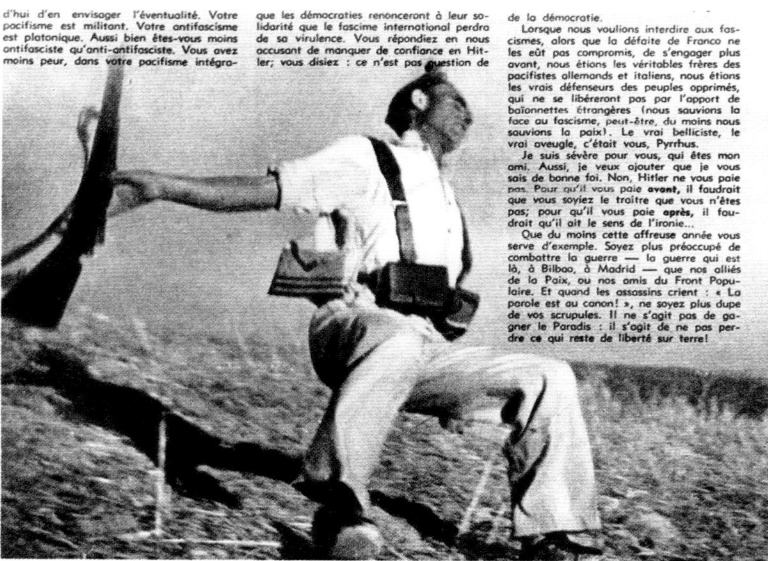

d'hui d'en envisager l'éventualité. Votre pacifisme est militant. Votre antifascisme est platonique. Aussi bien êtes-vous moins antifasciste qu'anti-antifasciste. Vous avez moins peur, dans votre pacifisme intégra-

que les démocraties renonceront à leur solidarité que le fascime international perdra de sa virulence. Vous répondiez en nous accusant de manquer de confiance en Hitler; vous disiez : ce n'est pas question de

de la démocratie.

Lorsque nous voulions interdire aux fascismes, alors que la défaite de Franco ne les eût pas compromis, de s'engager plus avant, nous étions les véritables frères des pacifistes allemands et italiens, nous étions les vrais défenseurs des peuples opprimés, qui ne se libéreront pas par l'apport de baïonnettes étrangères (nous sauvions la face au fascisme, peut-être, du moins nous sauvions la paix). Le vrai belliciste, le vrai aveugle, c'était vous, Pyrrhus.

Je suis sévère pour vous, qui êtes mon ami. Aussi, je veux ajouter que je vous sais de bonne foi. Non, Hitler ne vous paie pas. Pour qu'il vous paie **avant,** il faudrait que vous soyiez le traître que vous n'êtes pas; pour qu'il vous paie **après,** il faudrait qu'il ait le sens de l'ironie...

Que du moins cette affreuse année vous serve d'exemple. Soyez plus préoccupé de combattre la guerre — la guerre qui est là, à Bilbao, à Madrid — que nos alliés de la Paix, ou nos amis du Front Populaire. Et quand les assassins crient : « La parole est au canon! », ne soyez plus dupe de vos scrupules. Il ne s'agit pas de gagner le Paradis : il s'agit de ne pas perdre ce qui reste de liberté sur terre!

Abb. 19 Der Milizionär stürzte auf seinen eigenen Schatten. Die Schnappschussästhetik suggeriert Authentizität. Robert Capas berühmtes Foto wurde erstmals am 23. September 1936 in VU veröffentlicht.

Capas Bild wurde zu einer Ikone der modernen Kriegsfotografie und einem Symbol der gescheiterten Spanischen Republik. Und es wird den 22-Jährigen, der sich für die Aufnahme augenscheinlich in Lebensgefahr begeben hatte, weltberühmt machen. Doch vorerst merkten die beiden nichts davon. Wenige Tage später erlebten sie in Cerro Muriano, einem andalusischen Dorf nördlich von Córdoba, ihren ersten Luftangriff. Die Fotografen waren hierher geeilt, weil das Hauptquartier in Montoro eine Offensive der republikanischen Milizen angekündigt hatte. Doch die Faschisten kamen der Offensive zuvor und bombardierten den Ort bereits am frühen Morgen. Anstatt eines siegreichen Angriffs fotografierten sie flüchtende Dorfbewohner. Die Menschen kamen ihnen voller Angst und Entsetzen geradewegs vor die Kameras gelaufen. Dem spanischen Journalisten Clemente Cimorra, der ihnen dort begegnete, erschienen die beiden ungeheuer jung, „fast Kinder" und unfassbar mutig. „Unbewaffnet, mit nicht mehr als der Kamera in der Hand".[19]

Taro und Capa fotografieren eine neue Form von Krieg

Aufgerissene Häuserfronten gaben bizarre Einblicke frei. Möbel standen am Rande des Abgrunds, Bilder hingen unbeschadet an der Wand, neben Türlöchern, durch die nur der Himmel zu sehen war. „Surreal", schrieb Taro im gemeinsamen Arbeitsheft über Aufnahmen, die sie und Capa im zerbombten Madrid gemacht hatten. Das Unvorstellbare war fotografierbar, aber nicht begreifbar.

Der Spanische Bürgerkrieg war der erste Krieg auf europäischem Boden, in dem die planvolle Bombardierung der Zivilbevölkerung eine strategische Rolle spielte. Hitlers „Legion Condor" nutzte ab dem Winter 1936/37 den Einsatz in Spanien verstärkt als Waffentest und zur „Generalprobe des totalen Krieges". Das erste Opfer dieses „totalen Krieges" war die baskische Stadt Guernica, deren Zerstörung bis heute für Schrecken und Willkür des Luftkrieges steht.

Die Berichterstattung von Taro und Capa blieb davon nicht unberührt. Gerda wechselte zur Leica, und sie schlugen bild-

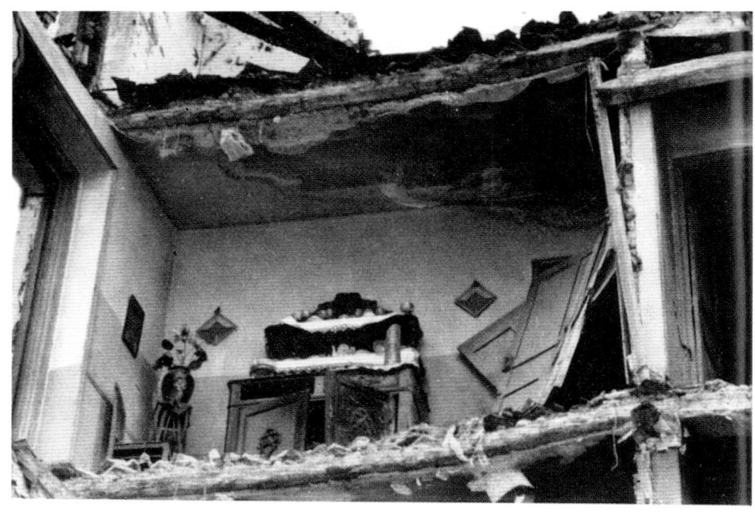

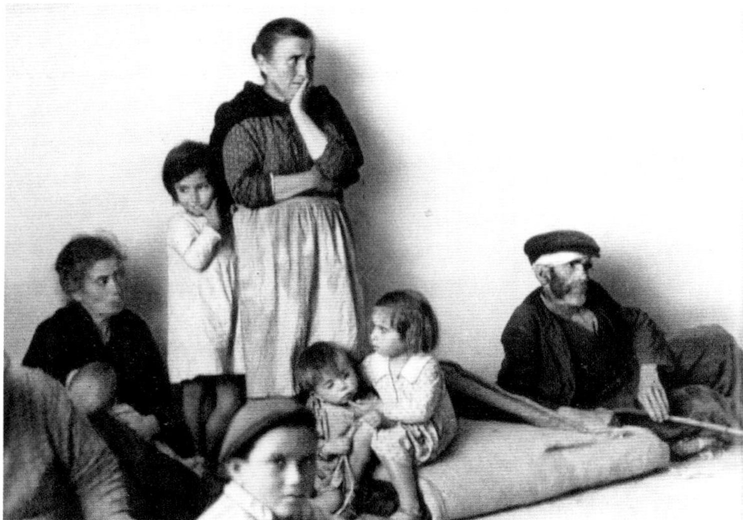

Abb. 20 Diese Bildkombination (oben Foto Robert Capa, unten Foto Gerda Taro) stammt aus dem 1937 in Zürich erschienenen Spanienbuch von Peter Merin. Das Kapitel dazu war überschrieben mit „Kleiner Weltkrieg – große Generalprobe".

ästhetisch, politisch und fototechnisch neue Wege ein. Unter hohem persönlichem Risiko veränderten sie den Blick auf den Krieg, waren mit den handlichen neuen Kleinbildkameras nah dran. Sie dynamisierten die Bildsprache und sie ergriffen Partei – ein Novum! Der Kampf gegen den Faschismus, dessen lebensbedrohliche Ideologie sie bereits am eigenen Leib erfahren hatten, war ihnen ein existentielles Anliegen.

Mit ihren Fotos bezogen sie klar Stellung gegen Hitler und Franco, standen an der Seite der Verteidiger der spanischen Demokratie. Taro mit kühnen Perspektiven und starken Kontrasten. Capa aus dem Blickwinkel des Kämpfenden: verwackelt, unscharf, oftmals den Bildraum angeschnitten, vom Vordermann nahezu verstellt. Das Unperfekte und die Dynamik der Unschärfe werden bald schon sein Markenzeichen sein. Bilder, die Angst atmen.[20] Gerda Taro hatte dank der Leica keine Nachschubprobleme mehr, da sie nun Kinofilm (Cinefilm) von der großen Rolle nutzen konnte und ohnedies dreimal weniger Film wechseln musste als bisher. Die innovative Kamera beschleunigte den visuellen Zugriff, machte auch sie mobiler und flexibler.

Der Spanienkrieg gilt als der erste moderne Medienkrieg. Der epochale weltanschauliche Kampf zwischen Diktatur und Demokratie wurde in den Massenmedien fast ebenso unerbittlich geführt wie der militärische auf dem spanischen Kriegsschauplatz. Durch die Expansion der Printmedien und technische Innovationen – leicht transportierbare Kameras und neuartige lichtstarke Filme – wurden die Bilder Teil des visuellen Kampfes. Die Fotografie rückte in den Mittelpunkt der Berichterstattung. Fotoreportagen verschafften dem Millionenpublikum der neuen Illustrierten und Magazine eine imaginäre Augenzeugenschaft von Revolution und Krieg.

Capa und Taro waren erfolgreich. Sie verkauften ihre Fotografien in ganz Europa, vertrieben ihre Bilder über Alliance Photo und internationale Agenturen wie Pix und Red Star in New York. Parallel stellten sie Bildmaterial zur Unterstützung der internationalen Solidaritätsbewegung für das republikanische Spanien zur Verfügung; beispielsweise für ein Album, das von der Botschaft der Spanischen Republik in London herausgegeben wurde, um gegen die Nichteinmischungspolitik zu mobilisieren. 1937 waren ihre Fotos im Spanischen Pavillon auf der Pariser Weltausstellung zu sehen, in welchem auch Picassos Gemälde Guernica erstmals der Öffentlichkeit präsentiert wurde. Sie publizierten inzwischen unter „Photo Robert Capa“, „Photo Taro“ sowie, bei gemeinsamen Projekten, unter dem Label „Reportage Capa & Taro“. Da unter dem Fotocredit Robert Capa ursprünglich auch Arbeiten von Taro veröffentlicht worden waren, blieb es für sie stets schwieriger, als eigenständige Fotografin wahrgenommen zu werden. Nach ihrem Tod begünstigte dieser Umstand wiederum, dass ihre Bilder aus Unwissenheit, aber auch aus Verwertungsinteressen Capa zugeschrieben werden konnten.[21]

Das jüdische Fotografenpaar hatte rasch erkannt, dass Zivilisten im modernen Krieg zur Geisel wurden und nicht minder gefährdet waren als die Soldaten. Die Bomben fielen auf Städte, Dörfer, Schulhöfe – es gab keine sicheren Orte, keinen zivilen Schutzraum mehr. Das Exil, die eigene Erfahrung von Vertreibung und Heimatverlust, schärfte ihre Wahrnehmung der Opfer. Taro und Capa machten die Kamera zum Zeugen für Leid und Bombenterror, fokussierten Flüchtlingselend und die unfassbare Zerstörung. Ihre Bildserien aus verwüsteten Straßen, von Toten und Verletzten offenbarten die Ausweitung der Kampfzone und das neue Gesicht des Kriegs gegen die Zivilbevölkerung.

Diesem humanistischen Impetus folgten Robert Capa und Gerda Taro ebenso wie ihr Freund Chim, mit dem zusammen sie zu den Begründern der modernen Kriegsfotografie wurden. Ob Capa in Bilbao, Taro in Valencia oder Chim im Baskenland – ihre Reportagen zeigten der Weltöffentlichkeit zum ersten Mal, wie sich der Krieg auf die Zivilbevölkerung auswirkte, welche Flüchtlingsströme er auslöste und wie ein Land daran kaputt ging.

Für die Weltöffentlichkeit: Nah ran gehen!

Auch das direkte Frontgeschehen, die Schlachtfelder, rückten in den Fokus. Mit großer Dringlichkeit suchten Taro und Capa nach neuen Formen von Zeugenschaft und solidarischer Teilhabe. Ihre Fotosprache lebte vom Autorenprinzip. Von Direktheit, persönlicher Anteilnahme, von großer Nähe und Risiko. Milizionäre, Soldaten, Brigadisten waren für sie keine namenlose Masse. Sie hielten Gesichter, Blicke, Gesten fest, nutzten das imaginäre Potential, das der Fotografie innewohnt. Vor allem Capa, dem noch unter den widrigsten äußeren Umständen Porträts gelangen, „repersonalisierte" die Kriegsfotografie.[22] Seine viel zitierte Maxime: „Wenn deine Bilder nicht gut genug sind, warst du nicht nah genug dran", brachte diese von ihnen entwickelte Mischung aus Wagemut und solidarischer Nähe auf den Punkt. Dabei riskierten sie viel, wenn sie die Offensiven der Volksarmee begleiteten, die asturischen Dinamiteros beim Häuserkampf oder die Internationalen Brigaden mitten im Angriff aufnahmen. Diesen fotohistorischen Perspektivenwechsel – weg vom sicheren Beobachterstandpunkt, wie er bis dahin in der Kriegsfotografie üblich war, hin zur teilnehmenden Berichterstattung mit leichten Kleinbildkameras – entwickelten

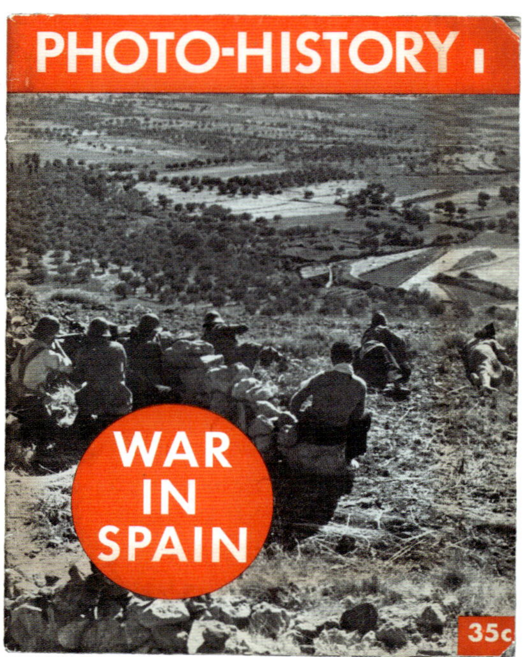

Abb. 21 Photo-History *nutzte zahlreiche Fotos von Capa und Taro für diese Sondernummer zum Spanienkrieg. Titelbild von Robert Capa. Von Taro gibt es eine nahezu identische Aufnahme. Sie stand offenbar rechts von ihm und hatte die Frau mehr im Blickfeld.*

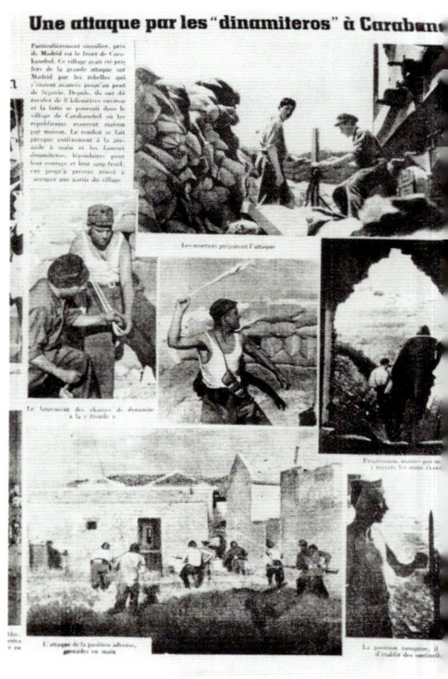

Une attaque par les "dinamiteros" à Caraban

Particulièrement singulier, près de Madrid est le front de Carabanchel. Ce village avait été pris lors de la grande attaque sur Madrid par les rebelles qui s'étaient avancés jusqu'au pont de Ségovie. Depuis, ils ont dû reculer de 8 kilomètres environ et la lutte se poursuit dans le village de Carabanchel où les républicains avancent maison par maison. Le combat se fait presque entièrement à la grenade à main et les fameux dinamiteros, légendaires pour leur courage et leur sang-froid, ont jusqu'à présent réussi à occuper une partie du village.

Les mortiers préparent l'attaque

L'attaque de la position adverse, grenades en main

Abb. 21a Ce Soir *vom 18. Juni 1937 über den Häuserkampf in dem Madrider Arbeiterviertel Carabanchel. Die Bilder von den „Dinamiteros" gehörten damals zu den am häufigsten publizierten Fotos von Gerda Taro.*

Capa und Taro vor Ort, an der Front. Er war der entscheidende Schritt zu einer neuen Visualisierung des Kriegs. Leid und Schrecken, der einsame Tod, das individuelle Erleben des Einzelnen rückten ins Zentrum.

Zugleich war diese neue, gefahrvolle Kriegsfotografie ein Gegenprogramm zum Massenkult der faschistischen Seite und deren Verherrlichung von Krieg als reinigende Kraft.[23]

Erste getötete Kriegsfotografin

Am Nachmittag des 6. Juli 1937 fotografierte Gerda Taro in Brunete und lieferte mit ihren Bildern den Beweis für die Einnahme des Dorfes – was zu diesem Zeitpunkt von Franquisten noch dementiert wurde. Die Aufnahmen brachten ihr den Durchbruch: „Man schmeckt das Schießpulver und den Sieg", hieß es beispielsweise in *Regards*, das ihre Fotos auf einer Doppelseite präsentierte und sie als furchtlose Fotografin feierte. Der amerikanische Journalist Jay Allan vom *Chicago Daily Tribune* berichtete, dass Gerda in diesen Tagen in Madrid eine Berühmtheit war.[24]

Anschließend fuhr sie auf eine Stippvisite nach Paris zu Capa, der das neue Atelier in der Rue Froidevaux eingerichtet hatte. Die Emigranten feierten bereits zum vierten Mal den „Quatorze juillet", den französischen Nationalfeiertag, in den Pariser Straßen. Taro und Capa tanzten direkt unterhalb von Sacre Coeur auf dem winzigen Place du Tertre und schmiedeten große Zukunftspläne. War es dort, dass sie übers Heiraten sprachen? Gesichert ist, dass sie beabsichtigten, über den Japanisch-Chinesischen Krieg zu berichten, den neuen Krisenherd im Fernen Osten. Capa sollte sich nach Auftraggebern für sie beide umtun, während Taro nochmals für zehn Tage an die Madrider Front fahren wollte, um über die Offensive von Brunete zu berichten.

Am Sonntag, den 25. Juli, hatte „La pequeña rubia", die kleine Blonde, wie Taro von den spanischen Soldaten genannt wurde, unter den Bomben der Legion Condor zermürbende Stunden in einem Erdloch ausgeharrt. Die Faschisten hatten Brunete zurückerobert und Gerda hatte alle Filme verbraucht.

Als die Luftangriffe nachließen, fuhr sie stehend auf dem Trittbrett eines Tourenwagens mit, der Verletzte aus dem

Kampfgebiet brachte. Sie waren noch nicht weit gekommen, als erneut angriffen wurde. Ein ins Schlingern geratener republikanischer Panzer streifte den Wagen, riss die Fotografin vom Trittbrett und überrollte ihren Unterleib. Die Schwerverletzte wurde in ein Frontspital der 35. Internationalen Division in einer ehemaligen Jesuitenschule, das sogenannte Englische Hospital, in El Escorial gebracht und notoperiert. Als sie zu sich kam, fragte sie die Schwester nach ihren Kameras. „Ich weiß noch sehr gut, dass sie bildschön war, sie hätte ein Filmstar sein können, und dass sie keine Angst hatte."[25] Gerda Taro war die Fotografie nicht in die Wiege gelegt gewesen, schon gar nicht Kriegsfotografie. Ihr Debüt, ihr erstes publiziertes Bild, erschien in einem Modemagazin. Doch mit Modefotografie, das wusste sie genauso wie später Lee Miller im Zweiten Weltkrieg, konnte man nichts gegen Hitler bewirken. In den frühen Morgenstunden des 26. Juli 1937 erlag die junge Fotografin ihren schweren Verletzungen.

Taro wird zur modernen Heldin – Capa weltberühmt

Ihr Tod machte Gerda Taro für kurze Zeit zur Heldin und Märtyrerin, öffentlich aufgebahrt in Madrid, Valencia und Paris. Taro hatte sich im Spanischen Bürgerkrieg in die Geschichte der Fotografie eingeschrieben - mit einem schmalen, jedoch sehr bedeutsamen Werk. Sie hatte als Frau und Fotografin Neuland betreten, hatte für die Berichterstattung ihr Leben riskiert. Gerda Taro war die erste Fotografin, die im Kriegseinsatz ums Leben kam. Das erregte weltweit Aufsehen und forcierte in den Zeitungsredaktionen neue Maßstäbe für die fotografische Kriegsberichterstattung. Lebensgefahr und Tod wurden zu Garanten für Authentizität.

Welche Bilderwelt konnte wirklicher sein, als eine, in der die Fotografin, der Fotograf sterben konnte?[26] Die darin sichtbar werdende Bereitschaft zum Tod als letztem Ausweis von Authentizität beglaubigte von nun an die Arbeit von Kriegsfotografen. Durch Robert Capas Foto vom fallenden Milizionär und Gerda Taros Tod an der Front rückte schlagartig die Person hinter der Kamera ins öffentliche Interesse. Die Zeit der anonymen Kriegsberichterstattung ging zu Ende. Von nun an standen Fotoschaffende mit ihrem Namen für Wahrhaftigkeit und couragierte Augenzeugenschaft.

Ihre Beerdigung auf dem Pariser Friedhof Père-Lachaise am 1. August 1937 – ihrem 27. Geburtstag – wurde zu einer machtvollen Demonstration gegen den Faschismus, angeführt von Gerdas Vater Heinrich Pohorylle. Ihm folgte, unter den Klängen von Chopins Trauermarsch, Robert Capa und der Prominentenblock mit Vertretern der Politik und Künstlern - Pablo Neruda, Henri Cartier-Bresson und dem Schriftsteller Louis Aragon. Der Bildhauer Alberto Giacometti schuf ihr Grabmal. Tausende folgten dem Sarg der jungen Foto-

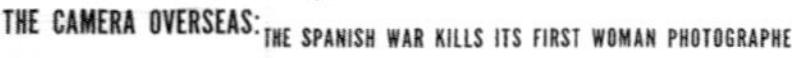
THE CAMERA OVERSEAS: THE SPANISH WAR KILLS ITS FIRST WOMAN PHOTOGRAPHER

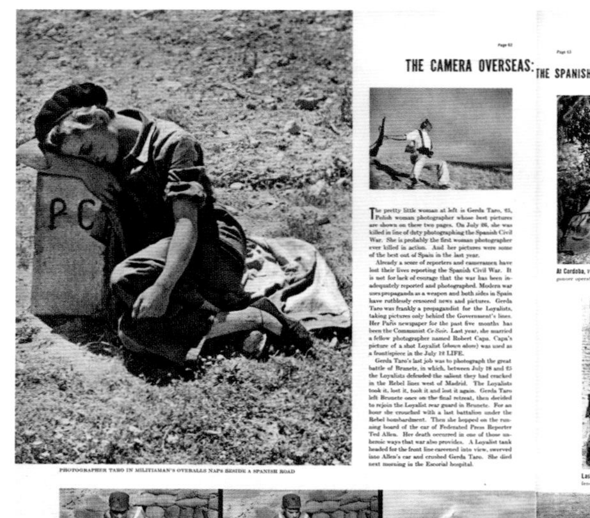
PHOTOGRAPHER TARO IN MILITIAMAN'S OVERALLS NAPS BESIDE A SPANISH ROAD

The pretty little woman at left is Gerda Taro, 25, Polish woman photographer whose best pictures are shown on these two pages. On July 26, she was killed in line of duty photographing the Spanish Civil War. She is probably the first woman photographer ever killed in action. And her pictures were some of the best out of Spain in the last year.

Already a score of reporters and cameramen have lost their lives reporting the Spanish Civil War. It is not for lack of courage that the war has been inadequately reported and photographed. Modern war uses propaganda as a weapon and both sides in Spain have ruthlessly censored news and pictures. Gerda Taro was frankly a propagandist for the Loyalists, taking pictures only behind the Government's lines. Her Paris newspaper for the past five months has been the Communist *Ce Soir*. Last year, she married a fellow photographer named Robert Capa. Capa's picture of a shot Loyalist (shown above) was used as a frontispiece in the July 12 LIFE.

Gerda Taro's last job was to photograph the great battle of Brunete, in which, between July 18 and 25 the Loyalists defended the salient they had cracked in the Rebel lines west of Madrid. The Loyalists took it, lost it, took it and lost it again. Gerda Taro left Brunete once on the final retreat, then decided to rejoin the Loyalist rear guard in Brunete. For an hour she crouched with a last battalion under the Rebel bombardment. Then she hopped on the running board of the car of Federated Press Reporter Ted Allen. Her death occurred in one of those unheroic ways that war also provides. A Loyalist tank headed for the front line careened into view, swerved into Allen's car and crushed Gerda Taro. She died next morning in the Escorial hospital.

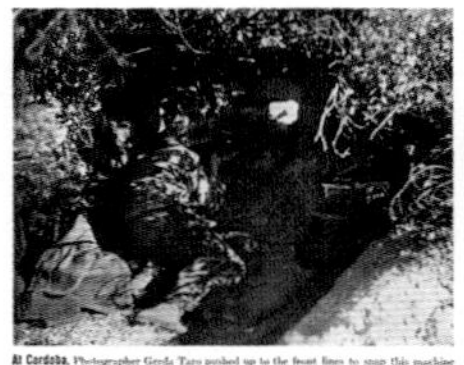
At Cordoba, Photographer Gerda Taro pushed up to the front lines to snap this machine gunner operating his gun inside a shaded dugout. A Rebel attack here in June failed.

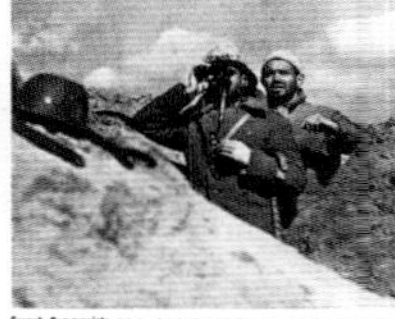
French Communists, fighting for the Spanish Government in their trenches outsi… willingly posed for their fellow Communist, Gerda Taro, with a fine pair of fe…

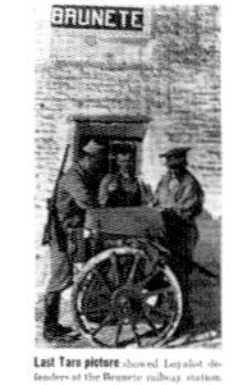

Last Taro picture showed Loyalist defenders at the Brunete railway station.

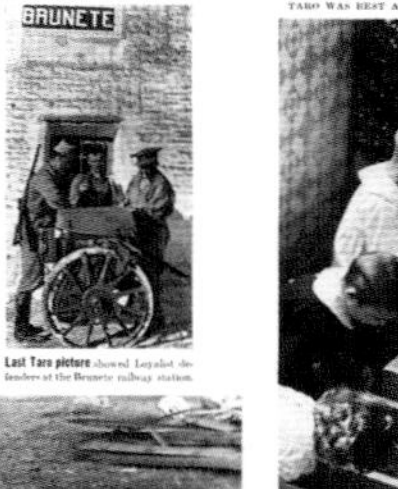

TARO WAS BEST AT SUCH PICTURES AS THIS OF A MADRID NURSERY IN THE MIDST O…

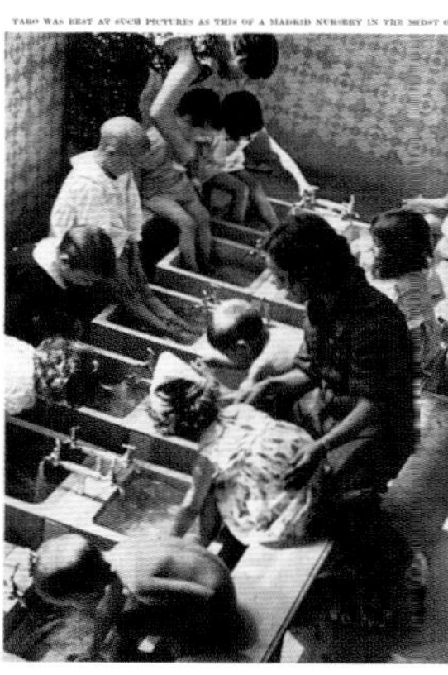

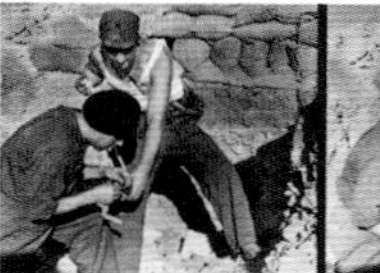
On the Madrid front Gerda Taro and husband Robert Capa took this series of Asturian dynamiteros slinging dynamite.

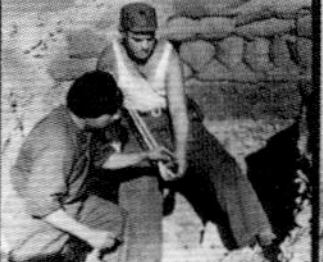
The fuse is lit by a comrade in an advance post of the Loyalist trenches in North Spain. Both were miners before the war.

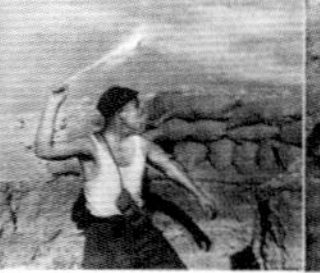
The dynamitero gives his homemade grenade a whirl in his homemade sling and lets it go toward the Rebel lines.

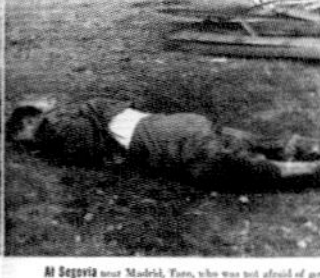
At Segovia near Madrid, Taro, who was not afraid of gore, photographed a dead Frenchman on Government side.

Abb. 22 Gerda Taros Tod war spektakulär. Sie war die erste Frau, die direkt im Gefecht fotografiert hatte. Die auflagenstärkste Illustrierte der Welt, das US-amerikanische Magazin Life, *titulierte sie am 16. August 1937 als „pretty little woman" und schrieb: „Ihre Bilder waren mit die besten aus Spanien im letzten Jahr."*

grafin, die sich in der Männerdomäne des Kriegs einen Platz erobert hatte und die Solidarität mit der Spanischen Republik verkörperte. Die Vorgaben machte die französische Kommunistische Partei, die ihr Ehrenbegräbnis und Grabmal veranlasste, und die sich Taro als „Heldin im antifaschistischen Kampf" einverleibte, obwohl die Emigrantin kein Parteimitglied gewesen war. Gerda wurde zu einer antifaschistischen Jeanne d'Arc stilisiert, während ihre Leipziger Freunde und

Capa zutiefst erschüttert und verzweifelt waren. Für Heinrich Pohorylle wurde der stundenlange Trauermarsch zur Qual. Er drohte ständig zusammenzubrechen, berichtete Ruth Cerf, die ihn stützte.

Für Robert Capa war Paris unerträglich – die Stadt war einsam und voll schmerzlicher Erinnerungen an Gerda. Im September besuchte er seine Mutter und seinen Bruder, die vor Kurzem nach New York emigriert waren. Ein hektisches Reporterleben nahm seinen Anfang. Im Januar 1938 reiste er für mehrere Monate nach China, um über den chinesischen Widerstand gegen die Invasion von Japan zu berichten, Hitlers Verbündetem in Fernost. Den Auftrag hatten Taro und er von *Life* erhalten. Capa, der gehofft hatte, sie zu heiraten, den Kampf um Zukunft und Freiheit in einer aus

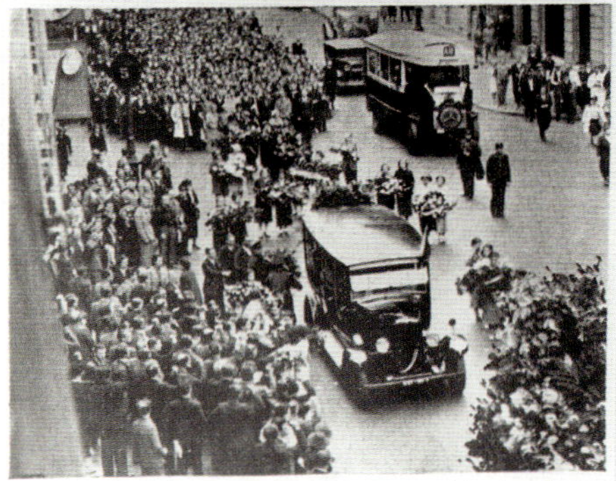

encore à Vincennes, au cours d'un grandiose rassemblement pour la paix universelle.

Lire la suite dans la 5e page

qu'il se propose de fixer pour toujours.

Lire la suite dans la 5e page

Gerda Taro, suivie d'une foule émue, **a été portée ce matin au Père-Lachaise**

Le corps de notre amie repose non loin des victimes de Clichy sous un immense monceau de fleurs

Le cortège funèbre s'est arrêté devant notre journal pour y être salué par les collaborateurs qui assuraient le service **(Lire dans la troisième page)**

Abb. 23 Der riesige Trauerzug hielt vor dem Gebäude von Ce Soir, *wo Tristan Tzara, André Chamson und Leon Moussinac die Fotografin würdigten.*
Ce Soir, *1. August 1937.*

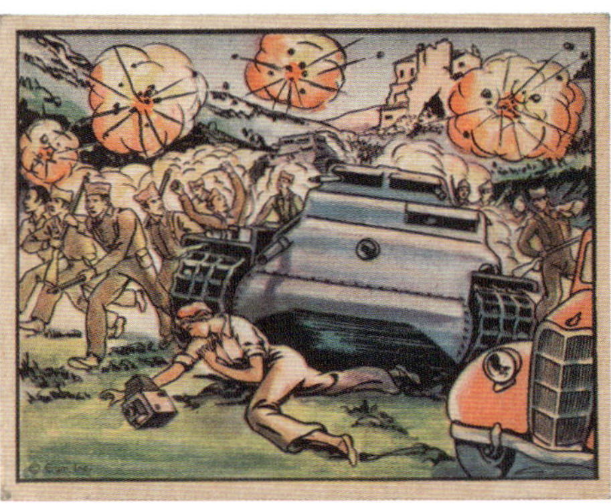

Abb. 24 Kaugummi-Sammelkarte zum Tod von Gerda Taro, die als Ehefrau von Robert Capa vorgestellt wird. Karte 89 aus der Serie „True Stories of Modern Warfare“, Gum Inc., Philadelphia, 1938.

den Fugen geratenen Welt gemeinsam zu kämpfen, war nun alleine unterwegs. Er hatte Fotos von Gerda Taro dabei und erzählte allen, dass sie „seine Frau" gewesen sei.[27]

"The Greatest War-Photographer in the World: Robert Capa"

Eineinhalb Jahre nach Taros Tod an der Madrider Front widmete die englische *Picture Post* Robert Capa elf Seiten und kürte ihn zum größten Kriegsfotografen der Welt. Zuvor war in New York sein erstes Fotobuch erschienen: „Death in the Making" war ein dezidiert antifaschistisches Buchprojekt im

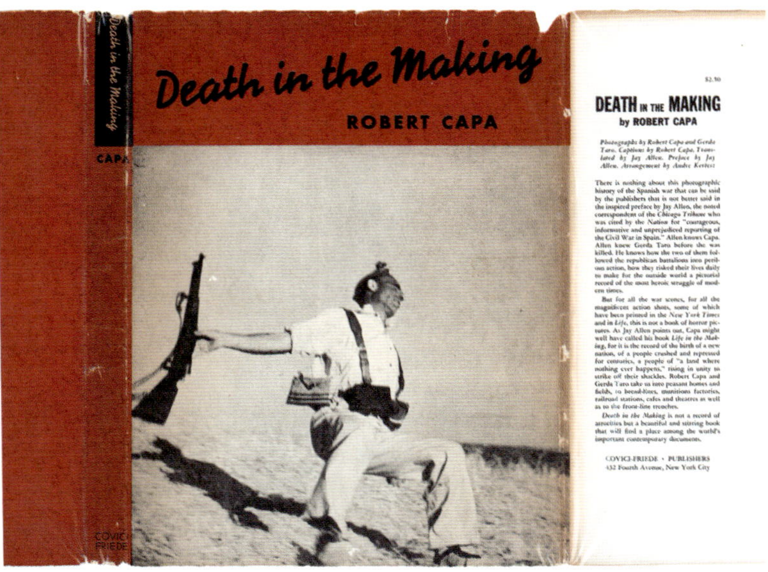

Abb. 25 Eine Ikone der Kriegsfotografie und ein umstrittenes Bild: Robert Capas „Fallender Milizionär" auf dem Umschlag von „Death in the Making" (New York, 1938). Dass auch die Fotos von Gerda Taro in dem Band enthalten sind, erschließt sich erst im Buch.

Umfeld der US-amerikanischen Solidaritätsbewegung für das republikanische Spanien. Er hatte den Band Gerda gewidmet, „die ein Jahr an der spanischen Front verbrachte und dort blieb". Etwa ein Viertel der Aufnahmen stammten von ihr. Auch von Chim waren einige Fotos abgedruckt, jedoch ohne, dass er erwähnt wurde.[28]

Der Bildband markierte eine Zäsur. Robert Capa war Mitte zwanzig, seine Partnerin tot und um Spanien stand es nicht gut. Die Bilder aus einem Jahr Spanienkrieg waren seine kämpferische Visitenkarte für die USA. Zugleich war „Death in the Making" ein visuelles Requiem für Taro und eine Hommage an die internationalen Freiwilligen, an die Soldaten, Frauen und Männer, die sich gegen den Faschismus stellten und die Republik verteidigten.

Der Spanische Bürgerkrieg entwickelte sich zum Medienereignis. Nie zuvor war ein Krieg so umfassend dokumentiert, fotografiert und gefilmt worden. Nie zuvor hatte ein Krieg solch breiten und unmittelbaren Widerhall in Literatur und Kunst. Ernest Hemingways Roman „Wem die Stunde schlägt", Pablo Picassos Gemälde „Guernica" und nicht zuletzt Bücher wie „Death in the Making" ist es zu verdanken, dass trotz Francos Sieg die Geschichte des Spanischen Bürgerkriegs nicht von den Siegern geschrieben wurde.

Robert Capa dokumentierte die Tragödie des Spanischen Bürgerkriegs bis zur bitteren Niederlage der Republik, der Verabschiedung der Internationalen Brigaden, der letzten großen Schlacht am Ebro, die in einem Fiasko endete. Zurück in Paris erlitt der Fotograf einen Zusammenbruch. Doch im kalten Winter und Frühjahr 1939 war er erneut in Spanien, begleitete den schrecklichen Exodus der Flüchtlinge, der republikanischen Soldaten und Reste der Internationalen Bri-

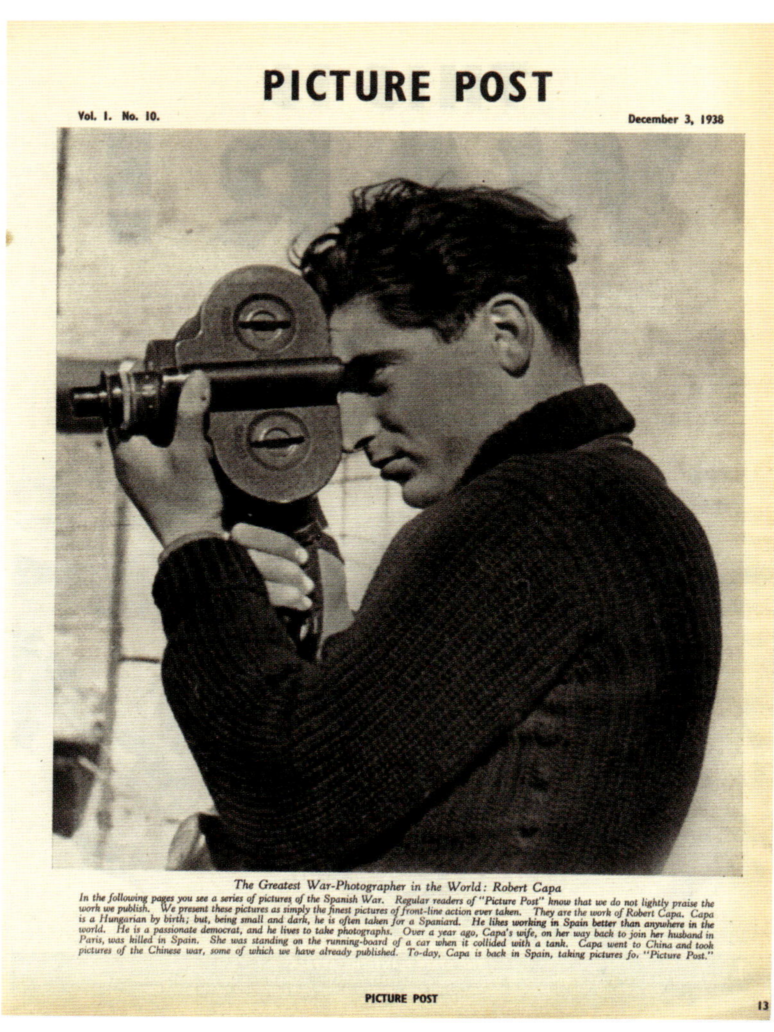

PICTURE POST

Vol. I. No. 10. **December 3, 1938**

The Greatest War-Photographer in the World: Robert Capa

In the following pages you see a series of pictures of the Spanish War. Regular readers of "Picture Post" know that we do not lightly praise the work we publish. We present these pictures as simply the finest pictures of front-line action ever taken. They are the work of Robert Capa. Capa is a Hungarian by birth; but, being small and dark, he is often taken for a Spaniard. He likes working in Spain better than anywhere in the world. He is a passionate democrat, and he lives to take photographs. Over a year ago, Capa's wife, on her way back to join her husband in Paris, was killed in Spain. She was standing on the running-board of a car when it collided with a tank. Capa went to China and took pictures of the Chinese war, some of which we have already published. To-day, Capa is back in Spain, taking pictures fo. "Picture Post."

PICTURE POST 13

Abb. 26 Im Dezember 1938 kürte die englische Picture Post *Robert Capa zum größten Kriegsfotografen der Welt und bildete ihn mit einer Aufnahme von Gerda Taro ab. Gerda Taro wurde als seine „in Spanien verunglückte Ehefrau" erwähnt, aber nicht als Fotografin des Bildes ausgewiesen.*

gaden über die Pyrenäen bis in die riesigen französischen Internierungslager, die eine humanitäre Katastrophe waren und wo viele an Hunger und Kälte starben.

Das Ende des Spanischen Bürgerkriegs war zugleich der Beginn der Militärdiktatur unter General Francisco Franco. Sie dauerte bis zu dessen Tod 1975. Nur fünf Monate später, am 1. September 1939, überfiel die deutsche Wehrmacht Polen und begann der Zweite Weltkrieg.

Sensationeller Fund: Der Mexikanische Koffer Das Vermächtnis von Capa, Taro und Chim

Unter anderem Capas einzigartige Bilddokumente vom grausamen Ende des Spanienkrieges fanden sich Jahrzehnte später im sogenannten Mexikanischen Koffer wieder. Einem Koffer voller Fotonegative aus seinem Pariser Atelier, der seit dem Zweiten Weltkrieg als verschollen galt. Dessen abenteuerliche Wiederentdeckung ein halbes Jahrhundert später in Mexiko City war eine fotohistorische Sensation.

Die Entdeckung des Bilderkoffers im Nachlass eines Diplomaten in Mexiko-Stadt war insbesondere wichtig für die Taro-Forschung. Seine Geschichte klingt wie ein Kriminalroman. Sie begann 1940 in Paris, kurz bevor die Deutschen einmarschierten. Der Fotograf Csiki Weisz, ein Freund von Robert Capa, sicherte die Filmrollen im Atelier in der Rue Froidevaux, um sie vor den Nazis zu retten. Er packte das Material in einen Rucksack und radelte nach Bordeaux, wo er im Hafen einen chilenischen Seemann ansprach, um den kleinen Koffer auf irgendeinem Schiff aus Europa herauszubringen. Bis heute ist nicht geklärt, wie der Pappkoffer dann nach Marseille in die Hände von General Francisco Aguilar, dem mexikanischen Botschafter beim Vichy-Regime kam, also jener mit der deutschen Militärbesatzung kooperierenden französischen Regierung unter Marschall Pétain. Auf jeden Fall kehrte dieser Diplomat 1941/42 nach Mexiko-Stadt zurück und hatte (wissentlich oder unwissentlich) die Negative mit im Gepäck. 1995, mehr als 50 Jahre später, der General war schon lange tot, entdeckte der mexikanische Filmemacher Benjamin Tarver den Pappkoffer im Nachlass seiner Tante. Das unscheinbare Gepäckstück hatte Jahrzehnte vergessen auf einem Dachboden gelegen.

In dem Koffer befanden sich drei Pappschachteln, dicht gefüllt mit Filmrollen sowie Briefkuverts mit Filmstreifen: das Vermächtnis von Capa, Taro und Chim aus dem Spanischen Bürgerkrieg. Die Bilder aus dem ersten Krieg, den sie fotografiert hatten, waren Nachricht und Weckruf zugleich: Die Welt sollte nicht wegsehen! Sie hatten die Blaupause für eine Bildsprache entwickelt, die die Brutalität und Dynamik des modernen industrialisierten Kriegs, den Bombenkrieg gegen die Zivilbevölkerung, überhaupt ins Einzelbild fassbar und für die Öffentlichkeit kommunizierbar machte. Die mehr als 4500 Negative unterstrichen die Bedeutung der drei Exilfotografen als Pioniere und Begründer der modernen Kriegsfotografie.[29]

„Chim" David Seymour: Magnum-Gründer und Erster Menschenrechtsfotograf (1911–1956) Capa und Chim hatten sich 1933 im Pariser Exil kennengelernt. Der 1911 als Dawid Szymin in Warschau geborene Fotograf hatte seinen polnischen Nachnamen in eine lautsprachliche Kurzform transkribiert. Eigentlich hätte er den jüdischen Verlag seines Vaters übernehmen sollen, doch das sollte der wachsende Antisemitismus nicht mehr zulassen. Die dafür gedachte Ausbildung an der Leipziger Akademie für Graphische Künste und Buchgewerbe erwies sich trotzdem als nützlich. Denn in der

Wächterstraße wurde nicht nur Buchkunst und modernste Drucktechnik vermittelt, sondern auch das fotografische Sehen gelehrt. Er studierte von 1929 bis 1931 in Leipzig, absolvierte bei den *Leipziger Neuesten Nachrichten* ein Praktikum und bewohnte ein Dachzimmer im Täubchenweg 89. Als er sich 1932 in Paris eine Leica lieh, um seinen Lebensunterhalt zu finanzieren, war das der Start einer großen Fotografenkarriere.

Im Spanischen Bürgerkrieg wurde Chim zusammen mit Robert Capa und Gerda Taro zum Begründer einer neuen, modernen Kriegsfotografie. Am Ende begleitete er spanische Kriegsflüchtlinge nach Mexiko und gelangte von dort in die USA, wo er 1942 zum Militärdienst einberufen und unter dem Namen David Seymour eingebürgert wurde. Den Zweiten Weltkrieg verbrachte er als Fotoanalyst der US-Armee in England, wo er auch Capa wieder traf.

Die Reportage „We Went Back" und die Gründung von Magnum Photo im Frühjahr 1947 markierten den erfolgreichen Neustart seiner unterbrochenen Fotokarriere. Zu Chims essentiellsten Projekten der Nachkriegszeit zählte „Children of Europe", eine großangelegte Dokumentation über Kinder und Jugendliche im verwüsteten Europa, die er 1948 im Auftrag der UNICEF fotografierte. Die bahnbrechende Reportage machte Chim weltbekannt und ließ ihn zu einem Pionier für die Zusammenarbeit mit Menschenrechts- und Non-Profit-Organisationen werden.

Nach dem Krieg fotografierte er in seiner Geburtsstadt Warschau. Tereska, das Mädchen an der Schultafel, wurde weltberühmt und zum Inbegriff traumatisierter Kriegswaisen. Auch sein Zuhause existierte nicht mehr. Die Straße, in der er aufgewachsen war, war als Teil des Warschauer Ghettos dem Erdboden gleichgemacht worden. Er reiste nach Otwock, wo seine Familie die Sommer verbracht hatte, und erfuhr, dass just dort seine Eltern von den Nazis erschossen worden waren. Chim machte kein einziges Foto.

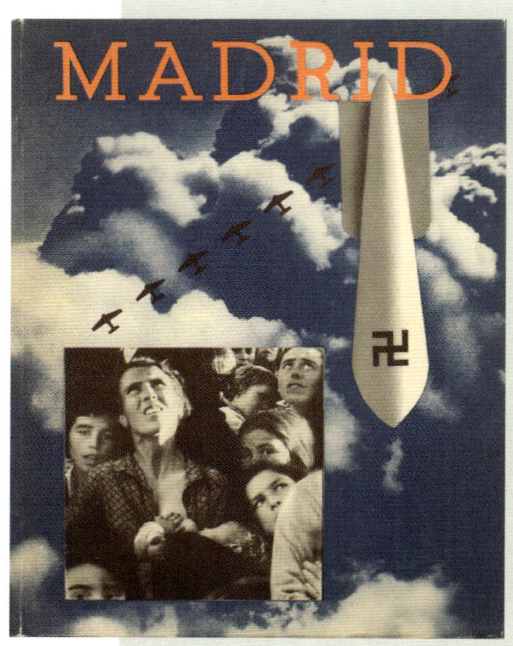

Abb. 27 Foto von Chim auf dem Cover des Bildbands „Madrid" von 1937.

Zusammen mit dem Künstler und Holocaust-Überlebenden Carlo Levi dokumentierte er die Alphabetisierungskampagne in Süditalien, dem folgten Anfang der 1950er Jahre große Reportagereisen durch Europa und in Israel. Magnum war Chims „ersatz family". Nach Capas plötzlichem Tod wurde er dessen Nachfolger als Präsident und setzte alles dran, das Überleben der Agentur zu sichern. Er war überzeugt, dass Magnum „sich nicht aus dem Weltgeschehen heraushalten kann", absolvierte ein riesiges Reise- und Auftragspensum, rastlos und voller Empathie. Als „Chim" David Seymour am 10. November 1956 bei einem Gefangenenaustausch vier Tage nach dem Ende des Suezkriegs ums Leben kam, hinterließ er ein einzigartiges fotografisches Œuvre. Zusammen mit den Werken von Capa und Taro wird sein Nachlass von Magnum Photos und vom International Center of Photography, New York betreut.[30]

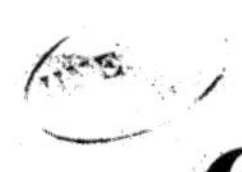

PUBLICATION No.

UNESCO

COURIER

PUBLICATION OF THE UNITED NATIONS EDUCATIONAL, SCIENTIFIC AND CULTURAL ORGANIZATION

Volume II.—No 1. | Price: 10 Cents (U.S.), 6 Pence (U.K.), or 25 Francs | FEBRUARY 1949

THE CHILDREN OF EUROPE

A Unesco Photo Story

EUROPE is still a stone wilderness and the smoke which has since long lifted from the last war still discloses a shattered continent. Where it is not shattered physically, it is hurt within its mind and its courage for life. The child growing his way out of the ruins must make his way to life now in this Europe.

The growth of the children of Europe has been disfigured by a greater or lesser degree of shock—physical, emotional, mental. There are millions of children under 17, and what they need is security, self-expression, education and the sense of belonging to the social world.

The figures of Europe's basic scholastic needs run from the simple to the complex: millions of pieces of chalk, thousands of blackboards and thousands of pieces of vocational equipment.

How many cannot read? How many millions have been retarded?

War smashed the high school and the grade school as well as the enemy's fortress. These children were burrowing into the ground with fingers when they should have been learning the three "R's".

Their teachers fled, were sent to concentration camps, or are dead, combatants of battle. Even those children lucky enough to have survived with their parents are far and dangerously behind. And those just beginning to go to school lack teachers and equipment...

The future teacher himself must be made fit to handle children whose memory is the memory of war, poverty, destruction, black market. This is one of the great steps in the task, in addition to equipment.

At centres in Switzerland and other countries teachers are being made. They come from the concentration camps, from ruined lands.

They are given special training for the size of the problem they face with backward, emotionally and physically torn and crippled children. And they return to build education in Europe. From the ground up...

Gradually, against the ruins, there is a reaching out. For the physically handicapped must be given both the skill and the will to life. The deaf must communicate with the hearing. The crippled must learn first to walk. And the blind too must be given the faith to reach out in the darkness.

But there is another reaching and another darkness: the delinquent, the lost, the orphaned—they too reach out. Left alone, they reach out in the ways they know best.

And where there is no encouragement, energy and new strength, they go an old way—the road through the juvenile court into the reformatory.

The child in the classroom, uncertain, remembering what it must forget, draws its conceptions of a house on a board. Picasso? No, but the memory of ruination. It has to be changed. The wilderness within and without the human being must begin to grow life and the reflection of life. Millions of tools, millions of pencils, thousands of teachers, but mostly the will to belong and a world in which it is good to live. These are their needs.

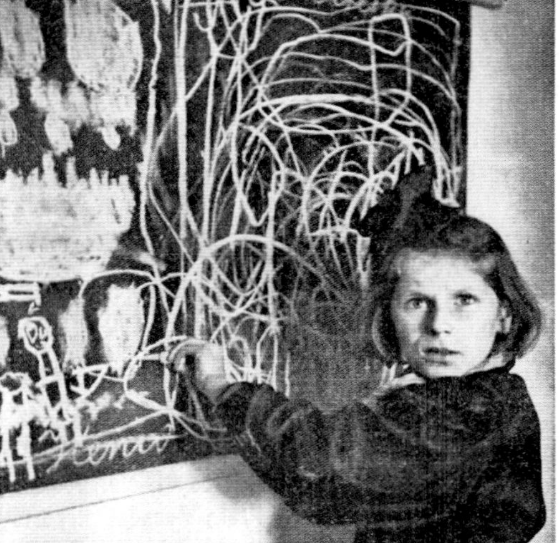

IN this issue, the *Unesco Courier* presents a small selection from over five-thousand photographs, taken for Unesco last year by Mr. David Seymour, a U.S. photographer, during a visit to Austria, Greece, Hungary, Italy and Poland.

They show some of the problems of Europe's war-handicapped children—the physically handicapped, the morally handicapped, the emotionally handicapped, and the mentally handicapped—and the efforts being made to educate them. For the main task is to educate them, to replace the powerful memory of violence which still haunts their lives, and to feed the living root of self-expression in them which is eager for nourishment.

Tereska, a small girl at a special school for war-handicapped children recently constructed in Warsaw, Poland, was asked to draw her house and family. She produced this representation of her confused mind — wavering chicken-track lines crisscrossing each other. What is it that she sees when the teachers says "draw a house"? Is it the memory of terror and the fact of ruin? Are not the chicken-track lines of this little child's drawing but the reflection of an uprooted life, the mirror of disorder and chaos which the war has strewn over Europe?

SEE PAGES 5 TO 9

Abb. 28 Titelseite des Unesco Courier *von 1949, mit Ankündigung von Chims Reportage.*

„Wenn deine Bilder nicht gut genug sind, warst du nicht nah genug dran."

Robert Capa

Zweiter Weltkrieg 1939–1945

Exil in den USA

Nach Ausbruch des Zweiten Weltkriegs saß Robert Capa wie tausende Flüchtlinge in Frankreich in der Falle. Als Staatenloser war er besonders gefährdet und konnte jederzeit als „unerwünschter Ausländer" in ein Lager gesteckt werden.[31] Mit Glück und der Unterstützung von Pablo Neruda erhielt er ein chilenisches Visum, das ihn berechtigte, einen Einwanderungsantrag für die USA zu stellen. Die amerikanische Wochenschau *March of Time*, für die er in Spanien gefilmt hatte, besorgte die Schiffspassage. Mitte Oktober 1939 schiffte sich Robert Capa in Le Havre auf der „Manhattan" ein, die ihn ins amerikanische Exil brachte.

In New York arbeitete er als freier Fotograf, unter anderem für *Life*. Für die größte illustrierte Wochenschrift der Welt arbeiten zu können, die über Jahrzehnte hinweg die Bilderwelt des Durchschnittsamerikaners und die internationale Reportagefotografie prägte, galt innerhalb der Branche als höchste Auszeichnung. Capa fotografierte diverse Stories quer durch die Vereinigten Staaten, lernte Land und Leute kennen. Dabei stellte sich schnell heraus, dass er nicht zu *Life* passte, vielleicht auch nicht zu Amerika. Er zehrte von seinem Ruf als großer Kriegsfotograf. Glücklich war er dabei nicht, „denn Gerdas Tod und der Sieg der Faschisten machten den persönlichen Erfolg, mit dem er den Krieg hinter sich gebracht hatte, für ihn hohl, bitter und sogar beschämend".[32] 1942 verließ „Bob" Capa, wie er nun amerikanisch lässig genannt wurde, New York in Richtung Großbritannien, um für die US-Zeitschrift *Collier's* über den Krieg zu berichten.

Von Nordafrika bis Sizilien

Ab März 1943 schließlich war Capa als voll akkreditierter Fotograf und Kriegskorrespondent mit der US-Armee unterwegs. Erst in Nordafrika, wo er den massiven Vormarsch der alliierten Truppen in Tunesien begleitete und in El Guettar „mit Dreck auf den Linsen und Angst im Bauch" die deutschen Sturzkampfbomber, sogenannte Stukas, im Angriff fotografierte. Doch wie so oft im Krieg gab es auch Wartezeiten, Langeweile oder er kam zu spät, wie zur US-Offensive in Gfasa. Gleichwohl schrieb Capa an seine Mutter: „Ich bin froh, wieder im Feld zu sein", mehr oder weniger erleichtert, dass er keine Trivialstories mehr liefern musste.[33]

Nach der Niederlage in El-Alamein in Ägypten wollte Hitler Tunesien um jeden Preis halten. In völliger Verkennung der alliierten Übermacht brach jedoch die Front der Achsenmächte schon bald zusammen. „Jeden Tag", notierte Capa später, „machte ich dieselben Bilder von Staub, Rauch und Tod."[34] Tunis wurde eingenommen und über 250 000 deutsche und italienische Soldaten gingen in Kriegsgefangenschaft. Für die Alliierten war der Weg nach Sizilien frei.

Den Rest des Jahres 1943 fotografierte Robert Capa den Vormarsch der Alliierten in Italien, darunter auch die Befreiung Neapels. Nach der erfolgreichen Invasion auf Sizilien durch Luft- und Marinestreitkräfte, landete die Hauptmacht der alliierten Kräfte in der zweiten Septemberwoche südlich von Neapel, das unter großen Verlusten Anfang Oktober eingenommen wurde. Capa hielt den begeisterten Empfang durch die Bevölkerung in Palermo fest, betrat mit der ersten amerikanischen Patrouille Troina und dokumentierte schließlich, Monate später in Dezemberkälte und Schnee, die harten Kämpfe in den Bergen bei Cassino. Capas Meisterschaft, die Betrachter direkt mit dem Geschehen zu konfrontieren, zeigte sich nicht nur im Gefecht. Die Trauer der Mütter um im Kampf gefallene Kinderpartisanen in Neapel, ein verwundeter Deutscher, der von amerikanischen Fallschirmjägern versorgt wurde – seine Gabe, die Essenz eines Motivs einzufangen, bedurfte keiner Sensationen.

Als Capa nach London zurückkehrte, wartete man dort bereits auf den D-Day, wie im militärischen Sprachgebrauch der Tag X im Englischen heißt: die Landung der Alliierten auf dem europäischen Festland. Immer mehr Journalisten, Fotografen und zunehmend auch Prominenz kamen an. Ernest Hemingway und Irwin Shaw, Lee Miller, aber auch seinen Freund Chim traf er endlich einmal wieder.

Invasion in der Normandie: Die berühmtesten Bilder des Zweiten Weltkriegs

In den frühen Morgenstunden des 6. Juni 1944 begann die Invasion der Alliierten in Nordfrankreich zum Aufbau einer zweiten Hauptfront, die Hitlers Truppen von Westen her in die Zange nehmen sollte. Über 5000 Schiffe und an die 150 000 britische, amerikanische, französische und kanadische Soldaten waren an der Landungsaktion beteiligt. Robert Capa war von der US-Armee in den kleinen Kreis von Berichterstattern für den D-Day aufgenommen worden, obwohl er als ungarischer Staatsbürger aus einem mit Nazideutschland verbündeten Land kam. Der Fotograf war dem 16. Regiment der 1. Infanteriedivision zugeteilt, mit dem er bereits in Tunesien und Troina auf Sizilien unterwegs gewesen war. Er landete mit der ersten Welle amerikanischer Truppen an einem Küstenstreifen der Normandie, dem die Planer der geheimen Militäraktion den Decknamen Omaha Beach gegeben hatten. Seine Aufnahmen von der dramatischen Anlandung unter unerwartet starkem deutschem Beschuss, dem Kampf der Männer in der stürmischen See, kürten Capa endgültig zum wagemutigsten und bedeutendsten Fotografen des Kriegs und des Kampfes gegen den Faschismus. Mit einem Satz aus dem Spanischen Bürgerkrieg, den er unablässig wiederholte, schaffte er es, die Nerven zu behalten: „Es una cosa muy seria. Es una cosa muy seria. – Das ist eine sehr ernste Angelegenheit." Auf den Fotos sieht man Soldaten durchs Wasser waten, in dem schon Tote treiben, andere Schutz suchend hinter Panzersperren im Wasser liegen. Tausende Tote, Verwundete oder Vermisste waren zu beklagen.

Robert Capa war als einziger Fotograf mit an Land gegangen. Mit dabei hatte er lediglich seine zwei handlichen Contax-Kameras, die Rolleiflex ließ er an Bord zurück. In „Slightly out of Focus" schrieb er später, dass er mehrere Filme verknipst habe, während er im Wasser war. Aber auch, dass er, beim Filmwechsel mit zittrigen und nassen Händen, selber eine der Filmrollen ruiniert habe. Am Abend im Kanalhafen übergab Capa die Filmrollen einem Kurier und nahm das nächste Schiff zurück an die französische Küste, wo er die Bergung der Toten und einen katholischen Priester fotografierte, der am Strand eine Messe für die gefallenen Soldaten hielt und danach den weiteren Vormarsch der Alliierten begleitete.[35]

Zur Kontroverse um Capas D-Day-Bilder Capas Filmrollen (vier 35mm-Contax und ein halbes Dutzend Rolleiflex-Rollen) waren nach London gebracht worden, wo sie im *Life*-Fotolabor in großer Eile entwickelt wurden. Die Zeit drängte, die Bilder mussten noch durch die Militärzensur und sollten am nächsten Morgen rechtzeitig das Flugzeug nach New York zur Zentrale von *Life* erreichen. Laut John Morris, dem damaligen Bildredakteur der *Life* in London, kam es aufgrund der Hektik zu einem Missgeschick. Wegen zu großer Hitze war beim Trocknen die Filmemulsion geschmolzen. Bis auf elf Bilder, die gerettet werden konnten, war das 35mm-Filmmaterial zerstört. Die Aufnahmen, die Capa mit seiner Rollei vor und nach der Anlandung auf dem Schiff gemacht hatte, waren davon nicht betroffen. Am 19. Juni 1944 räumte *Life* Capas Bildern von der Invasion sieben Seiten ein. 2014, anlässlich des 70. Jahrestages der Invasion, wurde die D-Day-Darstellung von Robert Capa, John Morris und *Life* angezweifelt: Capa habe sich später und kürzer als behauptet am Omaha Beach aufgehalten und möglicherweise lediglich die elf überlieferten Aufnahmen angefertigt. Folgt man den neuesten Untersuchungen des Imperial War Museum in London, ist Capa nachweislich gegen 7.40 Uhr angelandet und gegen 8.30 Uhr mit dem Landungsboot LCPV-94 auf das Trägerschiff zurückgekehrt, er hat sich also mindestens 50 Minuten im Wasser und am Strand von Omaha Beach aufgehalten.[36]

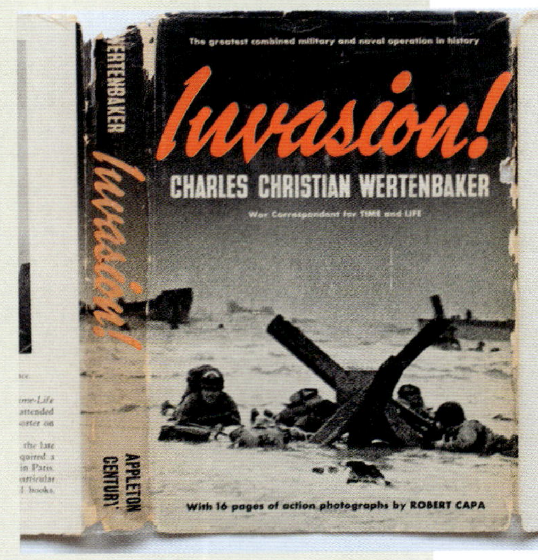

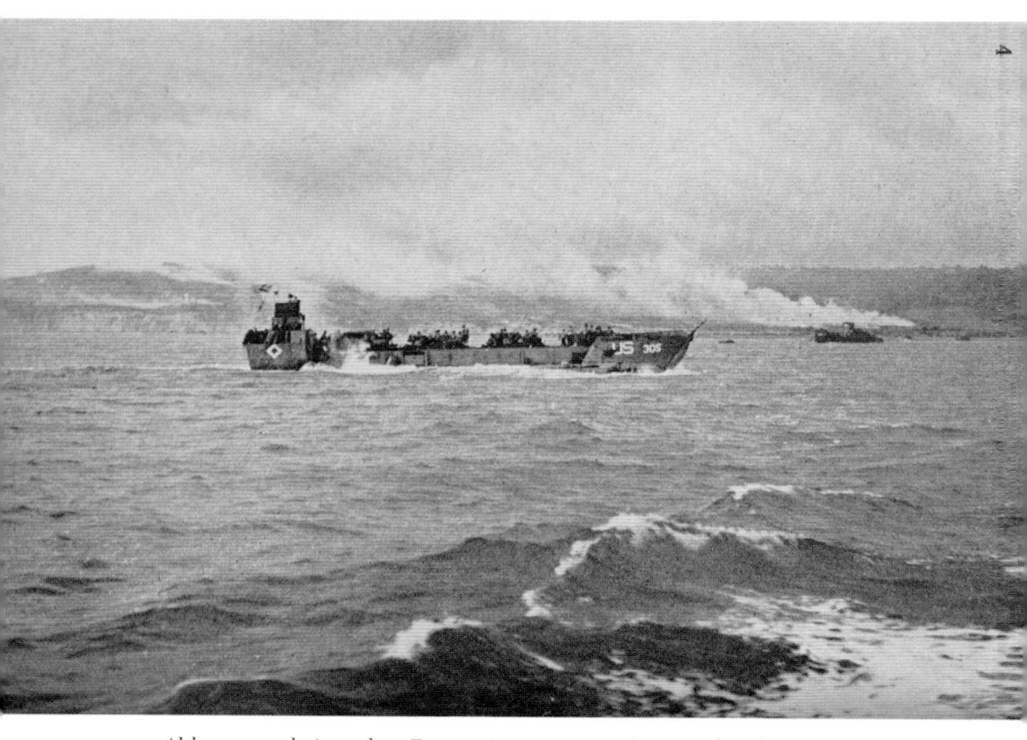

Abb. 29-29d Aus der Fotoserie zur Invasion in der Normandie vom 6. Juni 1944. Charles Christian Wertenbaker: Invasion! Photographs by Robert Capa. New York/London, 1944.

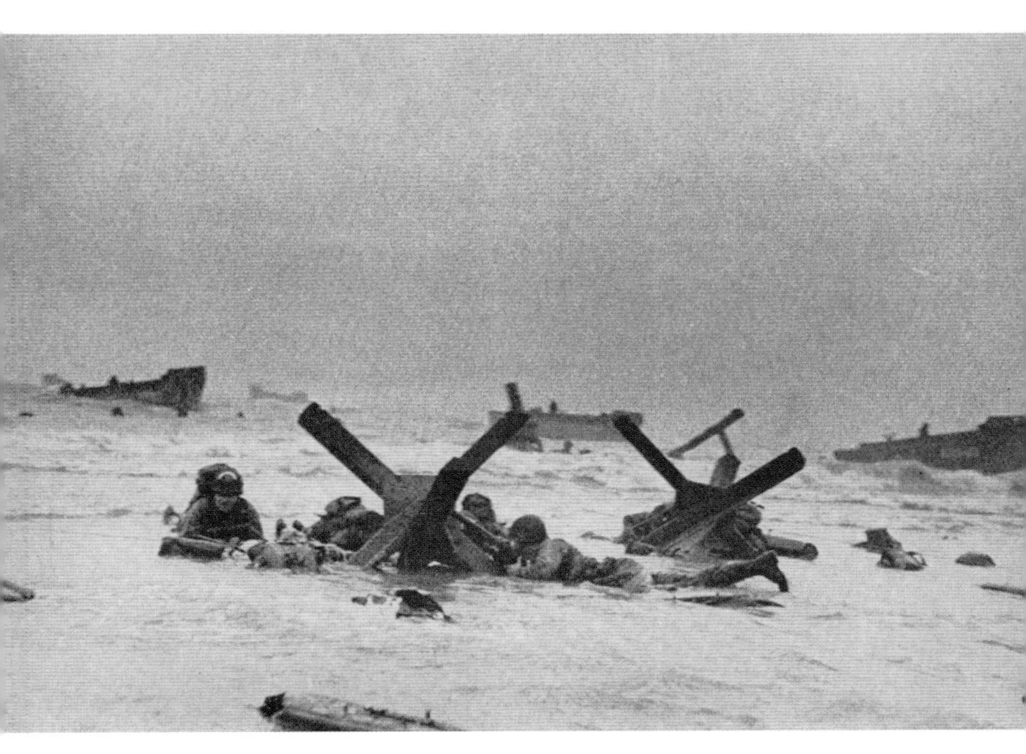

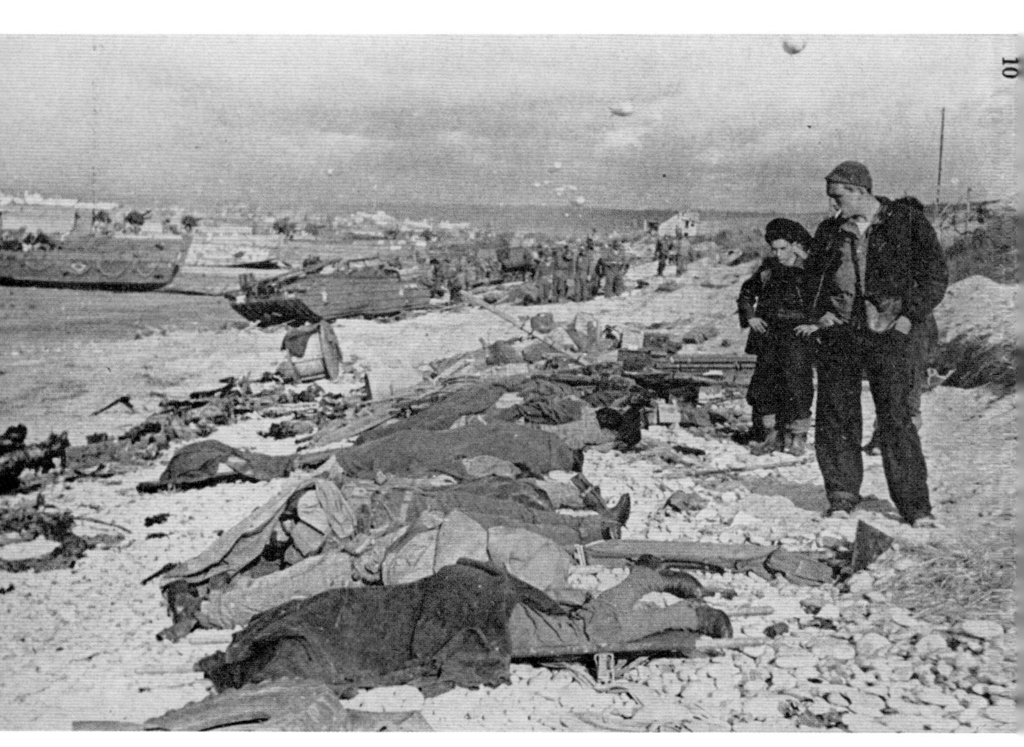

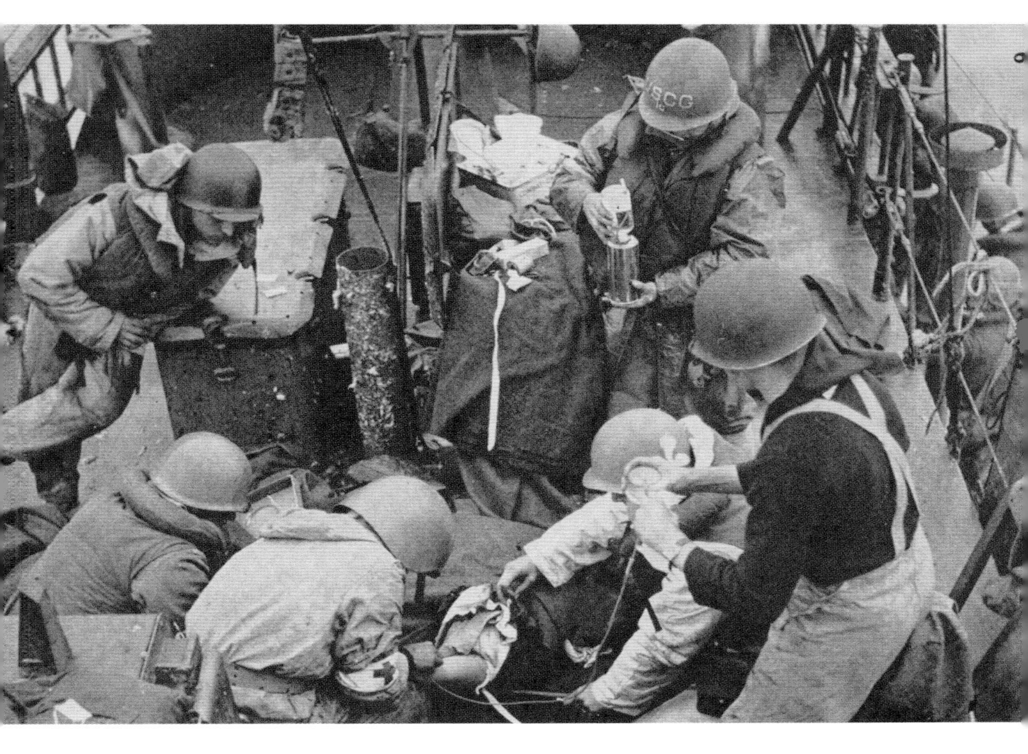
USCG

„This is D.-day“, notierte Anne Frank am 6. Juni 1944 hoffnungsvoll

Die Landung der Alliierten machte Mut und weckte nicht nur im besetzten Frankreich Hoffnungen auf ein Ende der Hitler-Diktatur. Am 6. Juni 1944, kurz vor ihrem 15. Geburtstag, schrieb Anne Frank in ihrem Versteck in der Prinsengracht in Amsterdam in ihr Tagebuch: „‚This is D.-day', sagte um 12 Uhr das englische Radio, und mit Recht! ‚This is *the* day'. Die Invasion hat begonnen." Und weiter: „Soll denn nun wirklich die langersehnte Befreiung nahen, die Befreiung, von der so viel gesprochen wurde, die aber doch zu schön ist, zu märchenhaft, um jemals Wirklichkeit zu werden? Wird uns dieses Jahr 1944 den Sieg bringen? Wir wissen es noch nicht, aber die Hoffnung belebt uns, gibt uns wieder Mut, macht uns wieder stark."[37]

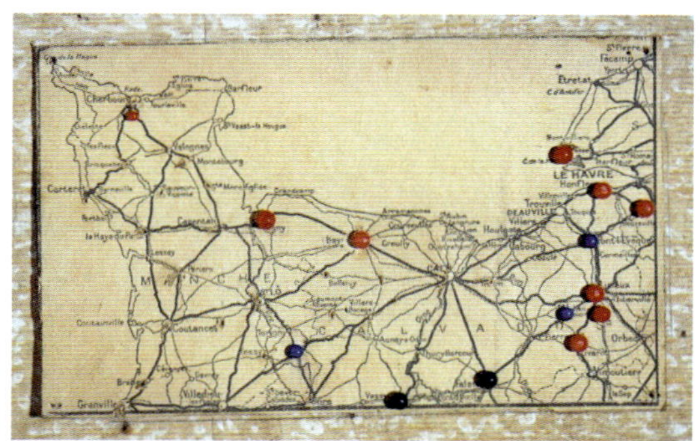

Abb. 30 Anne Franks Vater, Otto Frank, schnitt die Karte der Normandieküste von der Titelseite des De Telegraaf *vom 8. Juni 1944 aus und heftete sie im Hinterhaus an die Wand. Mit Stecknadeln markierte er die Siege der Alliierten.*

An Anne Franks 15. Geburtstag, dem 12. Juni 1944, war die riesige Landeaktion mit Schlachtschiffen, Flugzeugen, Panzern, Landungsbooten und über 170 000 Mann voll in Gang. Bis Ende Juli landeten 1,5 Millionen alliierte Soldaten in Europa. Robert Capa dokumentierte die Sicherung des Brückenkopfs, fotografierte die Einweihung eines Soldatenfriedhofs und begleitete dann den gesamten Feldzug von der Normandie bis zur Befreiung von Paris.

Neben außerordentlich intensiven Aufnahmen vom Kampfgeschehen, entstanden dabei nicht minder beeindruckende Bilder abseits der Schlacht, die beinahe gleichnishaft vom Krieg erzähl(t)en. Etwa in Chartres, wo eine kahlgeschorene „Kollaborateurin" von einer geifernden Menge durch die Straßen getrieben wurde – im Arm ihr Baby, dessen Vater wohl ein deutscher Soldat war. Charakteristisch für Capa waren das Talent für den richtigen Moment und seine entschiedene Menschlichkeit: seien es Komposition, Lichtführung, welche Anmutung auch immer, die den Blick fesseln und seine Fotografien zu einem Resonanzraum werden lassen.

Libération! Paris 25. August 1944

Der erste alliierte Panzer, der in Paris einfuhr, hieß Guadalajara. Er gehörte zur Vorhut der in der Normandie gelandeten 2. Panzerdivision von General Leclerc, in der viele Spanier kämpften. Als Robert Capa als Kriegskorrespondent der US-Armee nach fünf Jahren früh morgens in sein geliebtes Paris zurückkam, war es das, was ihn besonders ergriff: „An der Seite spanischer Republikaner, mit denen ich gegen den Faschismus gekämpft hatte, kehrte ich zurück in jene großartige Stadt, in der ich die Liebe, guten Wein und raffinierte Küche kennengelernt hatte." Für ihn schloss sich ein Kreis. Hier hatte er vor zehn Jahren Gerda kennengelernt, von hier waren sie gemeinsam nach Madrid und in den Kampf gegen Hitler gezogen. Nun hatten Spanier Paris mit befreit. Er hielt die jubelnden Pariser und letzte Kämpfe nahe der Abgeordnetenkammer fest. Um 14 Uhr ergab sich der deutsche Gouverneur von Paris, General Dietrich von Choltitz, dem spanischen Soldaten Antonio Gonzalez. [38]

Anfang September fotografierte Capa Pablo Picasso, der von den deutschen Besatzern als „Stümper" und „Müllsammler" tituliert worden war. Nun war sein Atelier zum Treffpunkt der spanischen Kämpfer geworden. Capa hatte genug von Schützengräben, Dreck und Blut. Er war überzeugt, dass der Krieg bald zu Ende sein würde. Lieber spielte er Poker, trank Champagner mit Ernest Hemingway, der, wie zuvor im Spanienkrieg, auch in Paris gerne mit Capa Ausflüge an die Front unternahm.

Mit dem Fallschirm über Nazideutschland

Doch Anfang Dezember 1944 wurde er an die Grenze zum Saarland beordert. Viele der jungen Männer, die Capa auf diesen „letzten todbringenden Kilometern bis nach Deutschland" begleitete, waren unerfahrene, eben erst gelandete Nachrücker „mit minimaler Ausbildung und völlig ohne Kampferfahrung".[39] Sie starben in großer Zahl. Er fotografierte – Worte hatte er keine dafür. Gemeinhin hielt er sich den Tod, das massenhafte Sterben, mit Ironie, Spötteleien und auch Sarkasmus vom Leib, flüchtete sich in unterhaltsame „true stories" von seinen Kriegsabenteuern und tat alles, was ihm Distanz und Ablenkung versprach. Capa wusste um sein Privileg als Reporter. Anders als die Soldaten, konnte er sich aus den Todeszonen des Kriegs davon machen, konnte dem Abschlachten Bilder der Hoffnung entgegensetzen, eine humanistische Strategie des Dagegenhaltens entwickeln: Bilder, die den Sieg des Lebens feierten. Er erspürte sie überall, zückte schnell die Kamera.

Ende Dezember berichtete Robert Capa über die Ardennenschlacht und verbrachte bitter kalte Weihnachten an der belgischen Front. Die Schützengräben waren Eislöcher und, wie beim Italienfeldzug, erfroren Männer. Er war mit der 4. Panzerdivision unterwegs, die versuchte, die in Bastogne eingekesselten Amerikaner zu befreien. Mitte Januar 1945 erschienen die Fotos in *Life* und er erfuhr, dass er mit einer neuen Luftlandeeinheit über Nazideutschland abspringen sollte. Das hohe Risiko der teilnehmenden Berichterstattung, Lebensgefahr inklusive, waren zur selbstverständlichen Erwartung geworden. Am Morgen des 24. März 1945 sprang er zusammen mit US-Fallschirmjägern in der Nähe der deutschen Stadt Wesel hinter den feindlichen Linien der Deutschen ab: „Fünfzehn Minuten bevor ich springen musste", schrieb er typisch Capa, „fing ich an, über mein Leben nachzudenken ... und ich war in zwölf Minuten damit fertig." Seine Bilder von der gefahrvollen Landung unter Beschuss, von brennenden Gehöften, verkündeten den Beginn der Invasion in Deutschland. Drei Wochen später stießen die Truppen in Bergen-Belsen auf das erste Konzentrationslager. Der jüdische Fotoreporter Robert Capa, der seine Schreckensbilder aus dem Krieg immer auch als Antikriegsbilder verstand, weigerte sich, die Gräuel der Vernichtung, die Ungeheuerlichkeit der Konzentrationslager zu dokumentieren.[40]

WAR IS OVER Leipzig 1945 – Last Man to Die

Der „größte Kriegsfotograf der Welt", wie ihn die Zeitschrift *Picture Post* einmal genannt hatte, konnte das Ende des Kriegs kaum erwarten. Die Welt, Europa lagen in Schutt und Asche. Doch als sich im April 1945 abzeichnete, dass die letzte große Schlacht, die Befreiung Leipzigs durch die US-Armee bevorstand, zog Robert Capa sofort los. Leipzig war für ihn die Stadt von Gerda Taro. Dort hatte ihr Kampf gegen den Faschismus begonnen, von dort hatten sie und ihre Freunde Ruth Cerf und Willy Chardack 1933 vor den Nazis fliehen müssen. Am 13. April war er nachweislich bereits in Naumburg, das tags zuvor von Panzertruppen eingenommen worden war. Dort schloss er sich, als einziger ziviler Reporter, einem Team von Kriegsberichterstattern der 165th Signal Photo Company an, das den Vormarsch der Kampfverbände der 1st US Army im Bereich Merseburg-Leuna begleitete und über Weißenfels den Raum westlich von Leipzig erreichte.

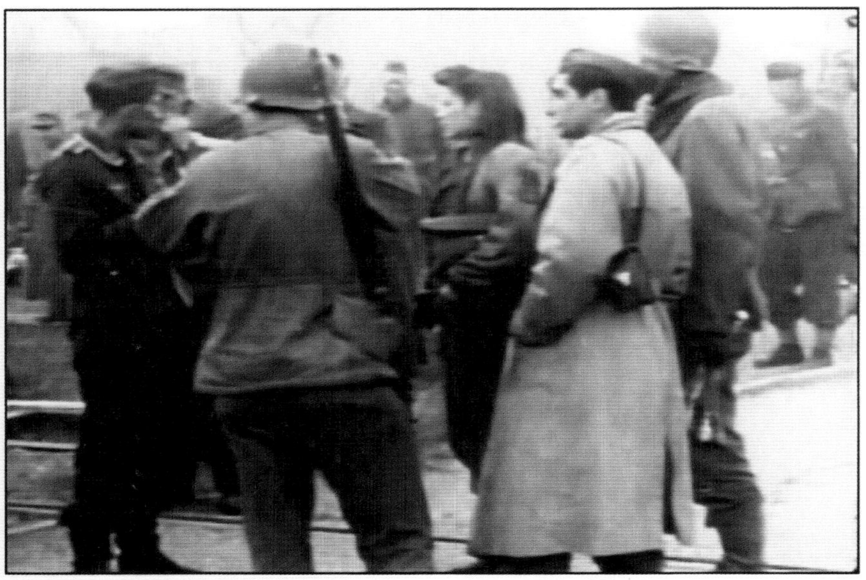

Abb. 31 Robert Capa (und Margaret Bourke-White?) am 13. April 1945 im Kriegsgefangenenlager Naumburg/Saale. Filmausschnitt: Combat Film der 69th InfDiv Ass.

Am 18. April 1945 erreichte er mit den US-Truppen die Zeppelinbrücke an der Weißen Elster, die in das zu großen Teilen in Trümmern liegende Zentrum der Messestadt führte. „Die ersten Züge überquerten sie bereits und wir fürchteten sehr,

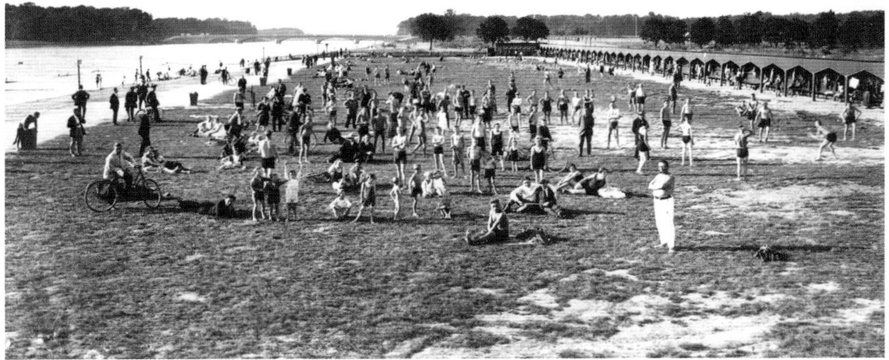

Abb. 32 Nicht weit vom Schauplatz in der Jahnallee, im Freibad am Elsterflutbecken, hatte Gerda Taro nach ihrer Haftentlassung Fluchtpläne geschmiedet. Leutzscher Weg, Badeanstalt an der Zeppelinbrücke (Lido), im Hintergrund die Hindenburgbrücke, um 1930.

die Deutschen würden sie jeden Augenblick in die Luft jagen", schrieb Capa über den noch immer starken Widerstand der Deutschen am Elsterflutbecken.

Seine Contax und Rolleiflex um den Hals, begleitete er die Soldaten eines Maschinengewehr-Trupps in das Wohnhaus Frankfurter Straße 39, heute Jahnallee 61, wo er auf dem Balkon der Familie Petzold im zweiten Stock Schützen fotografierte, die mit ihrem MG den Vorstoß der Amerikaner über die Zeppelinbrücke gedeckt hatten. Als plötzlich ein Schuss fiel, wurde Capa zum Augenzeugen des tragischen Todes des Soldaten Raymond J. Bowman. Der gefallene Soldat kam aus Rochester im Bundesstaat New York und hatte wenige Tage zuvor seinen 21. Geburtstag gefeiert. Capas eindrückliche Fotoserie „Last Man to Die – Der letzte Tote des Krieges“ ging um die Welt. Vier verstörende Aufnahmen, auf denen sich auf dem Parkettboden, wie in Zeitlupe, die Blutlache ausbreitete, die unter dem Körper und Arm des Toten hervorsickerte.

„Last Man to Die“ war eine der letzten Aufnahmen Robert Capas aus dem Zweiten Weltkrieg. Schockierend wie sein Foto vom fallenden Milizionär im Spanischen Bürgerkrieg, wurde es zu einem ikonischen Kriegsbild und Gedächtnisträger der Ereignisse. Fast zehn Jahre lagen zwischen den beiden fotohistorischen Schlaglichtern von Sterben und Tod im Kampf gegen den Faschismus.

Brennpunkt der Kriegsreportage Als die US-amerikanischen Soldaten am 18. April 1945 in Leipzig einzogen, folgten ihnen zahlreiche Fotografinnen und Fotografen sowie Soldaten vom Signal Corps der US-Armee, die große Mengen Filmmaterial belichteten. Als bekannt wurde, dass Leipzig der letzte große Kriegsschauplatz vor Berlin sein würde, versammelte sich hier alles, was Rang und Namen hatte. In den Victory-Ausgaben von *Life* und *Vogue* sind daher auch die bekannten Reportagen von Margaret Bourke-White und Lee Miller zu finden, die im Alten Rathaus fotografierten. Miller hatte auch die Kämpfe am Völkerschlachtdenkmal dokumentiert, in dem sich Nazis verschanzt hatten und mindestens bis zum Führergeburtstag durchhalten wollten. Die Kämpfe um Leipzig dauerten bis zum 20. April 1945 an. Dann war auch das Völkerschlachtdenkmal von den Alliierten eingenommen.

Der gefallene Raymond Bowman gehörte der kampferprobten 2nd Infantry Division an, die Capa schon am Omaha Beach und in den Ardennen fotografiert und die sich über den halben Kontinent bis Leipzig durchgekämpft hatte.

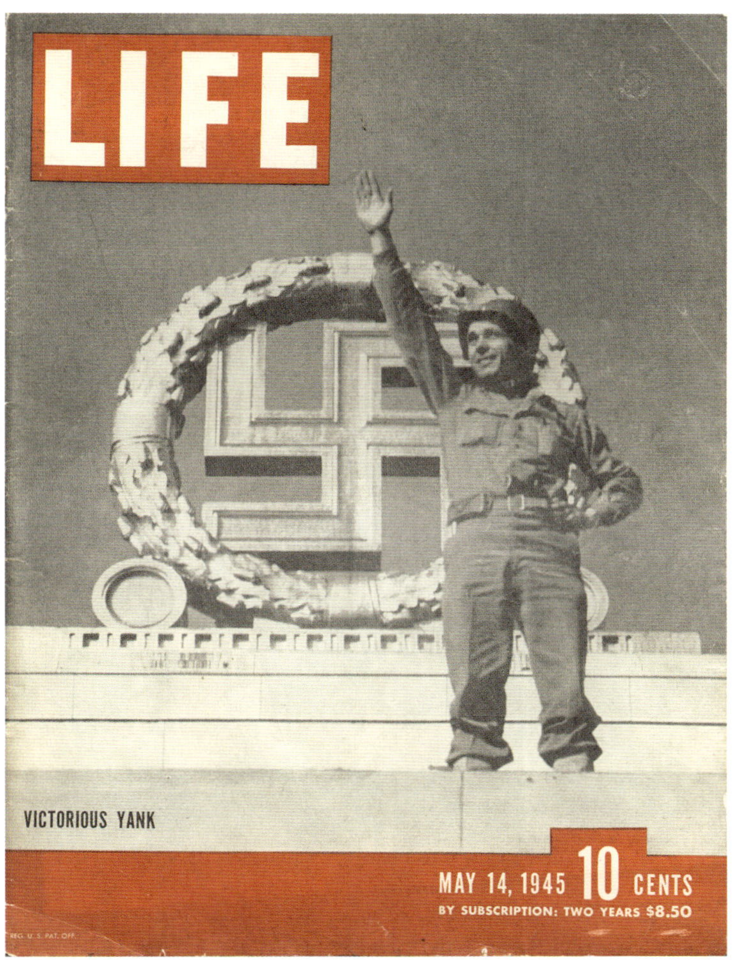

Abb. 33 Die Victory-Ausgabe von Life *vom 14. Mai 1945 war ein großer Erfolg für Capa. Für die Bilder aus Leipzig bekam er eine Doppelseite und auf dem Titelblatt prangte sein Siegerfoto „Victorious Yank". Capas Aufnahme vom Reichsparteitagsgelände in Nürnberg, auf der der US-Soldat Hubert Strickland in Siegerpose feixend den Nazigruß zeigte, entstand kurz bevor das NS-Symbol am 22. April 1945 von den Amerikanern gesprengt wurde.*

Von der Militärzensur einbehalten, aber heute als historische Dokumente einsehbar, ist eine Bilderserie, die kurz danach unten auf der Straße entstand. Capa fotografierte, wie vor der Zeppelinbrücke kleine Gruppen an deutschen Soldaten, die sich ergeben hatten oder gefangen genommen worden waren, von amerikanischen Soldaten mit Fußtritten traktiert wurden. Diese Fotos durfte er nicht veröffentlichen, weil sie Misshandlungen an Kriegsgefangenen zeigten.

Die folgenden Bilder entstammen der Fotoserie, die Robert Capa am 18. April 1945 in der Frankfurter Straße 39 (heute Jahnallee 61) machte.

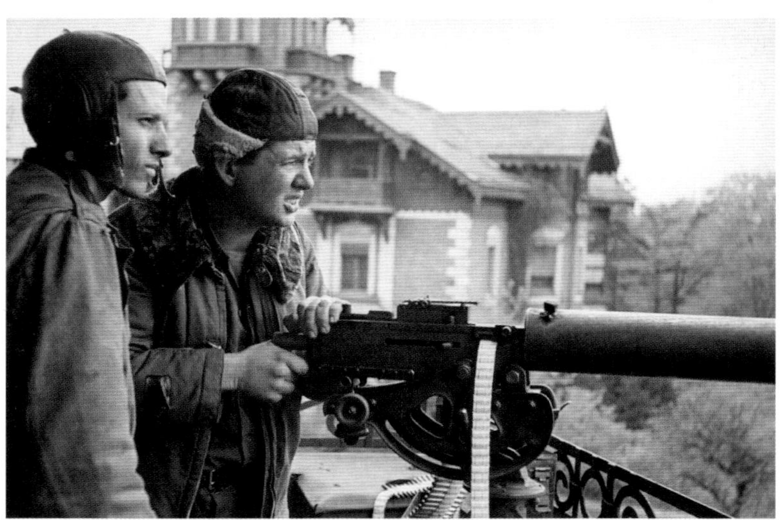

Abb. 33a Raymond J. Bowman (links) und Clarence Ridgeway an einem Maschinengewehr „Browning M1917" auf dem Balkon der 2. Etage des Wohnhauses Frankfurter Straße 39.

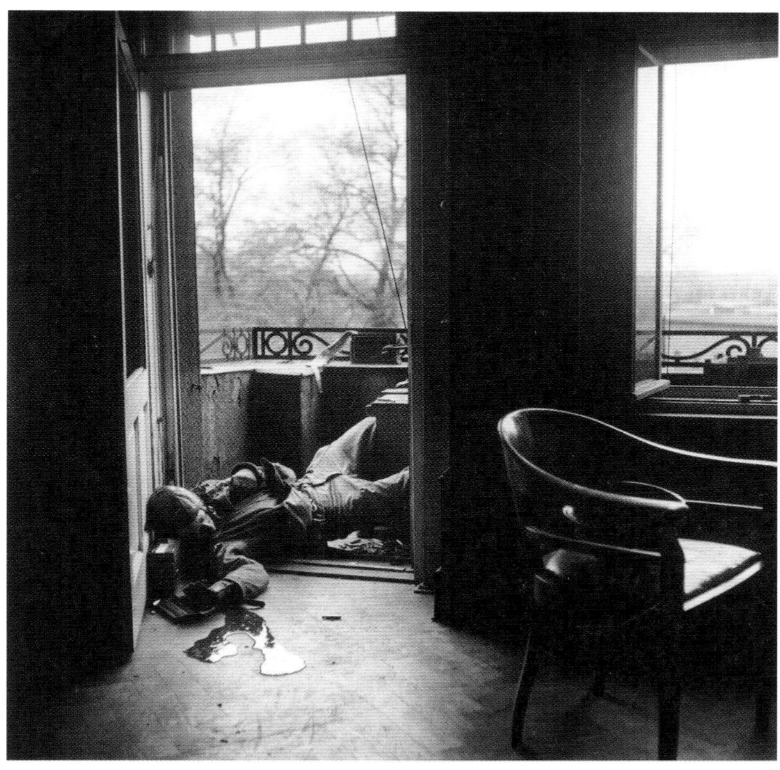

Abb. 33b „Last Man to Die"
Der getötete Soldat Raymond J. Bowman. Robert Capa arbeitete mit zwei Kameras, wechselte zügig zwischen Rolleiflex (quadratisches Format) und Contax (rechteckiges Format) hin und her.

Abb. 33c Zeppelinbrücke. 18. April 1945: Deutsche Soldaten laufen mit erhobenen Händen an hinter der Brüstung kauernden US-amerikanischen Soldaten vorbei und ergeben sich.

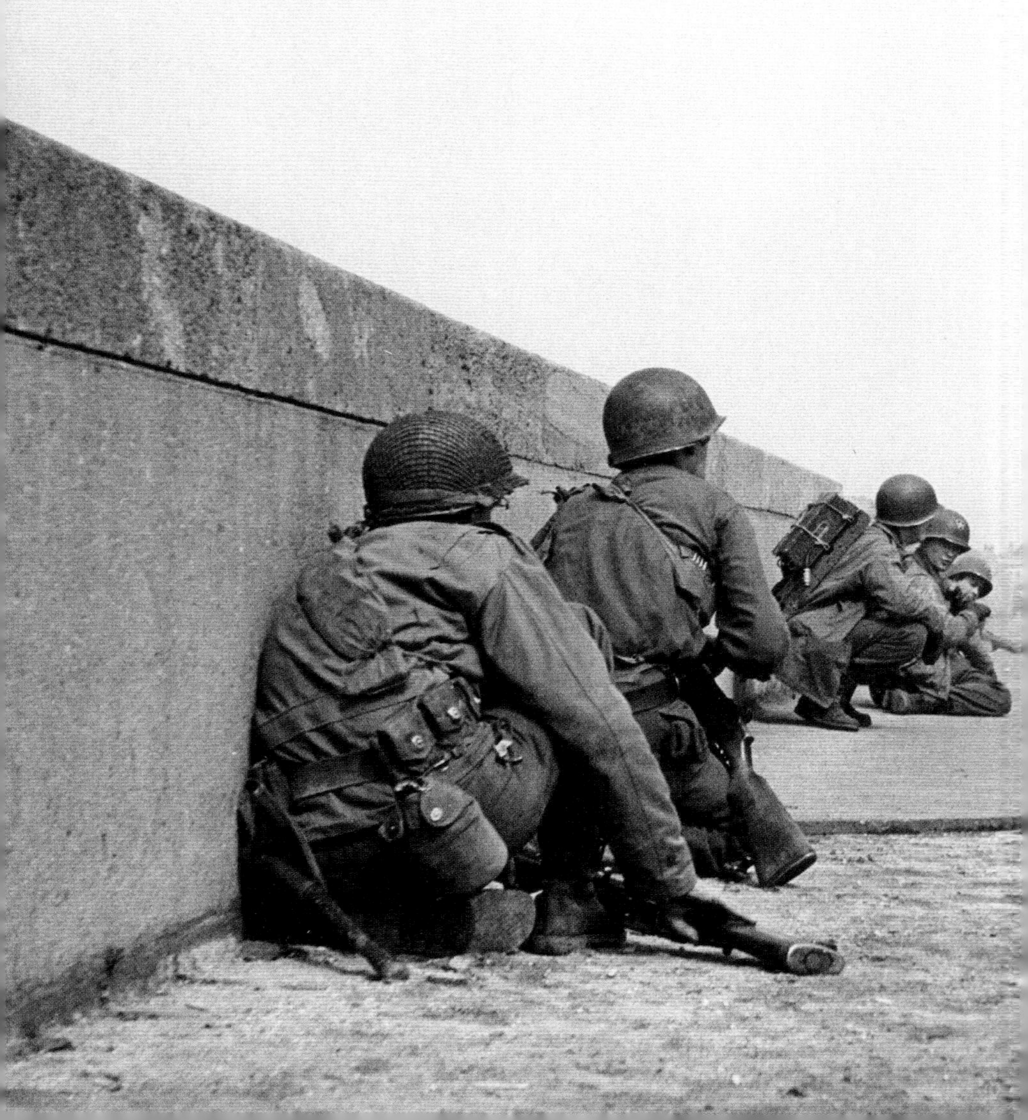

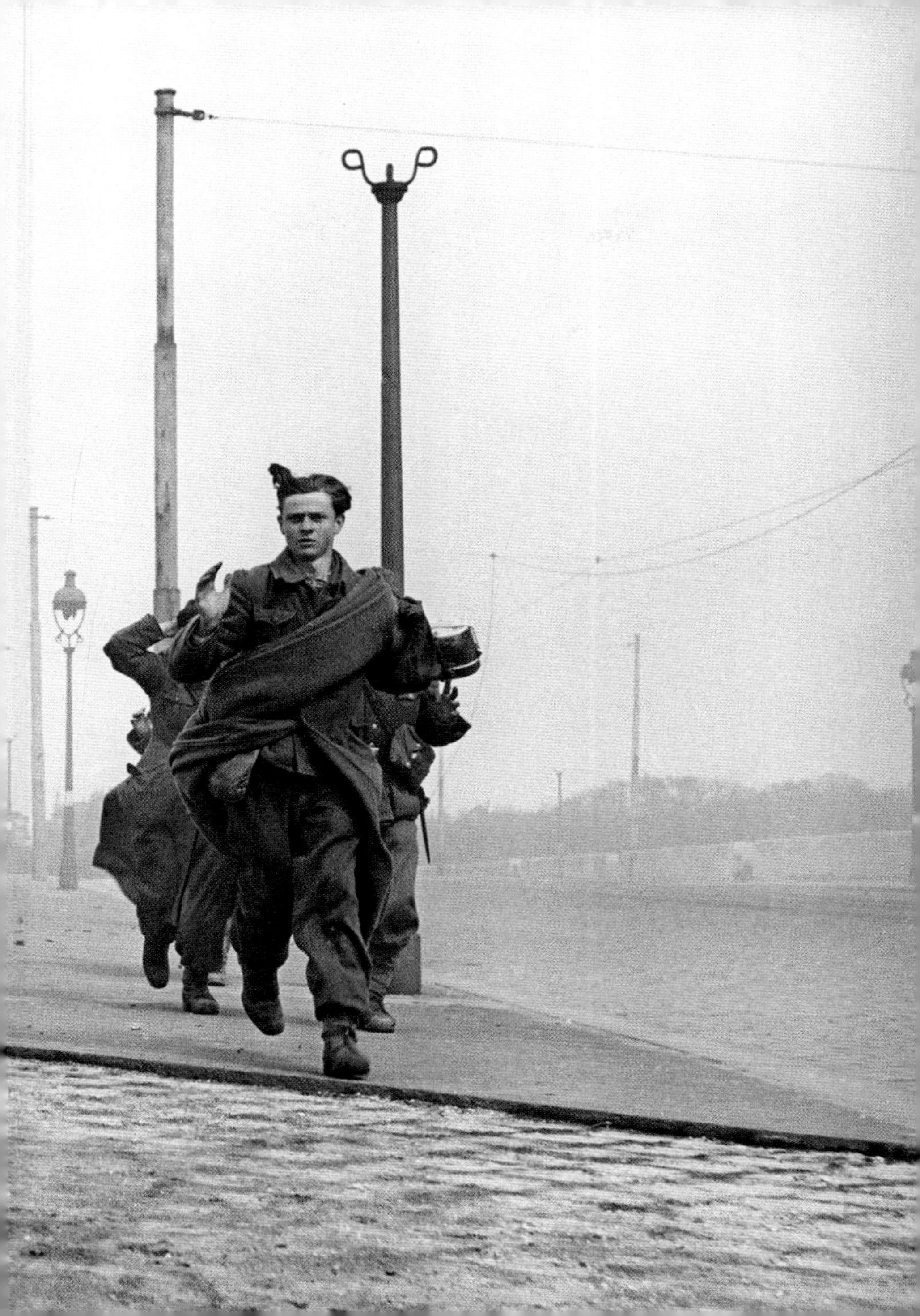

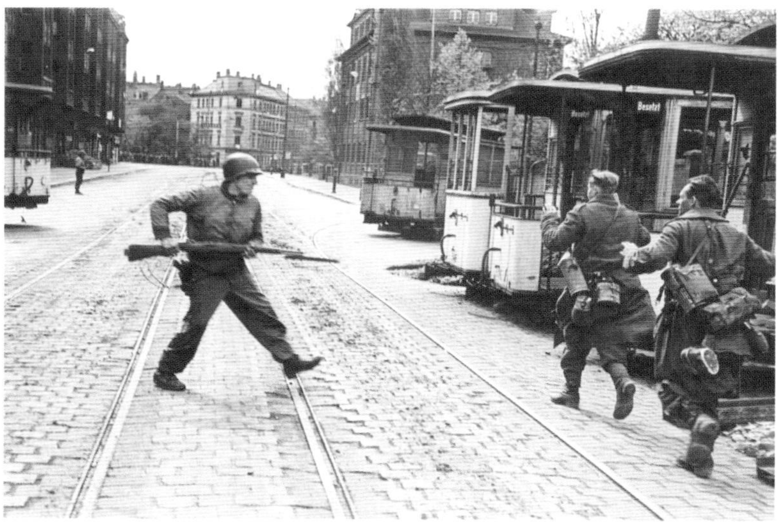

Abb. 33d Gefangennahme deutscher Soldaten vor der Frankfurter Straße 39 durch amerikanische Truppen am Straßenbahnhof Angerbrücke. Die entgleisten Straßenbahnwagen waren als Barrieren gegen die vorrückende US-Armee gedacht.

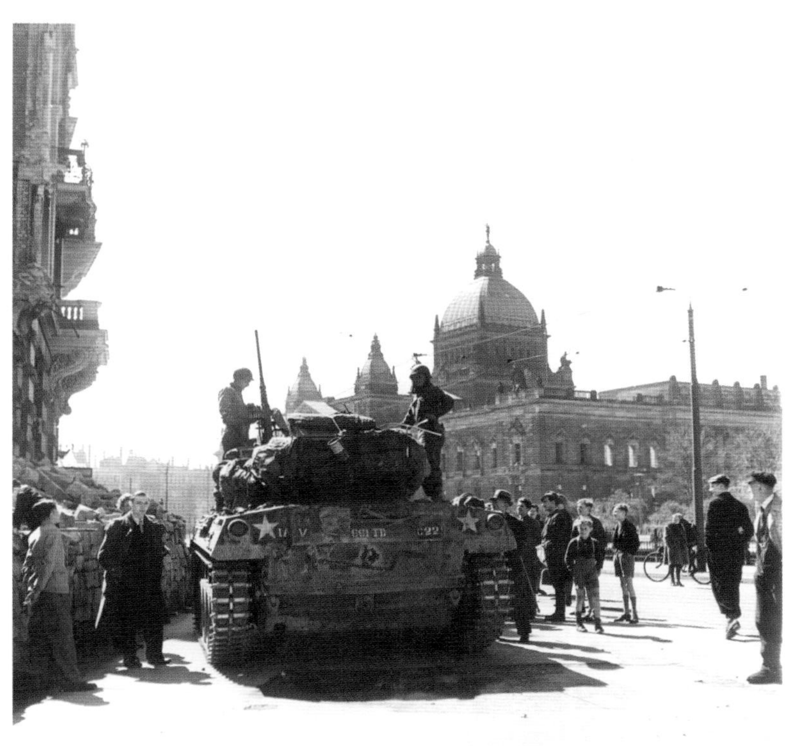

Abb. 33e US-amerikanischer Panzer (Panzerjäger M18 „Hellcat“) am Eingang Harkortstraße, im Hintergrund das Reichsgericht.

„Like people, and let them know it."

Robert Capa*

* Antwort Robert Capas auf die Frage eines Journalisten, wie er es zumal bei Nahaufnahmen schaffe, dass die Menschen vor der Kamera so natürlich und locker wirken. (Zitiert aus Richard Whelan, Definite Collection, S. 300.)

Vom Antifaschismus zur humanistischen Fotografie

Magnum Photos: Capa & Taro waren Vorbild

Im Frühjahr 1947 gründete Robert Capa mit Chim, Henri Cartier-Bresson, George Rodger und William Vandivert Magnum Photos: eine Agentur von und für Fotografen. Sie war genossenschaftlich aufgebaut und hatte das Ziel, die Rechte der Fotografen zu sichern. Die Negative sollten Eigentum des Bildautors bleiben, Bildredakteure ihre Fotos nicht ungefragt beschneiden dürfen. Die Fotografen wollten Themen möglichst selbst aussuchen und mitbestimmen können, wie ihre Bilder verwendet werden. Die Idee kam von Capa. Die Erfahrung, dass man im Krieg zwar sein Leben riskierte, aber nicht einmal das Recht an seinen Bildern besaß, teilten jedoch alle Mitbegründer der Fotografenkooperative. Ihr Kampf ums Copyright wurde zum Fanal für nachhaltige urheberrechtliche Regelungen im internationalen Fotojournalismus. Für Capa ging mit der Agenturgründung ein lang gehegter Wunsch in Erfüllung. Die frühesten Gedanken dazu stammten aus der intensiven Zusammenarbeit mit Gerda Taro, Capas Ur-Modell für kreatives Teamwork und Empowerment. Das Ideal einer verantwortlichen Fotografie, die Synergien und Inspiration, wie sie Gerda und er entwickelt hatten, wurden im neuen Kollektiv weitergetragen.[41]

Magnum Photos Die Agentur eröffnete Büros in Paris und New York, den Drehscheiben des internationalen Fotomarkts. Das Pariser Büro leitete Maria Eisner, die schon in der Zwischenkriegszeit bei Alliance Photo die Bilder von Capa, Chim und Taro vertrieben hatte und deren Assistentin Gerda Taro einmal gewesen war.

Magnum operierte von Anfang an global. Cartier-Bresson wollte sich auf Indien und den Fernen Osten konzentrieren, George Rogers kannte Afrika und den Nahen Osten. Vandivert war für die USA zuständig und Chim, der im amerikanischen Exil den Namen David Seymour angenommen hatte, sollte aus Europa berichten. Capa durfte zwar überall hin, hatte aber vornehmlich die Aufgabe, Aufträge beizubringen und Geldgeber zu finden.[42]

Seit kurzem war Capa amerikanischer Staatsbürger und hieß nun auch offiziell Robert Capa. Seine Liaison mit der Filmschauspielerin Ingrid Bergmann war nach zwei Jahren zu Ende gegangen. Für die Ehe und ein Leben in Hollywood schien er nicht geeignet. Die Erfahrungen des Kriegs saßen nicht nur ihm tief in den Knochen. Chim musste den Verlust der ganzen Welt, aus der er kam, bewältigen. Warschau war zerstört, seine Eltern im Holocaust von den Nazis erschossen worden. Cartier-Bresson hatte drei Jahre Gefangenschaft und harte Zwangsarbeit in deutschen Kriegsgefangenenlagern hinter sich.[43] Ihnen ging es um Fotografie mit Erkenntniswert. Eine Fotografie, die über soziale Bedeutung und ästhetischen Gewinn hinaus den Blick auf die Welt zu weiten vermochte.

Slightly out of Focus

Noch im gleichen Jahr erschienen Robert Capas Weltkriegsmemoiren „Slightly out of Focus“ (1942–1945), denen man schon am flotten Covertext anmerkte, dass sie ursprünglich als Drehbuchvorlage für Hollywood geschrieben worden waren. Capa feilte mit der reich bebilderten Lebensgeschichte an seinem Image und bot, nicht nur in der berühmt gewordenen Sentenz „more drinks, more girls, better pay, and greater freedom“ selbst den Stoff an, aus dem sich sein Mythos als Kriegsfotograf, cooler Spieler, Lebemann und Frauenheld nährte. Ehrlich beeindruckt von Capas Erinnerungen war der Kriegsberichterstatter und Pulitzer-Preisträger John Hersey, der den Fotografen persönlich kannte und ihn in seiner Buchbesprechung griffig als „The Man Who Invented Himself“ (Der Mann, der sich selbst erfand) vorstellte.

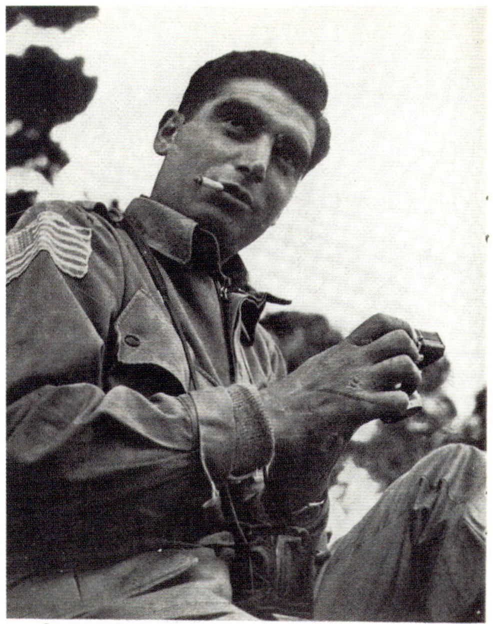

Capa is easy-going, compassionate, courageous. His pictures tell their own tragic story.

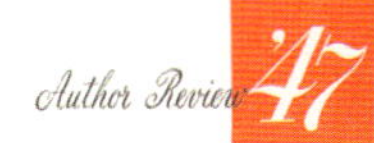

by John Hersey

THE MAN WHO INVENTED HIMSELF

The author reviewed: *Robert Capa*
His book: *Slightly Out of Focus*

CAPA, the photographer who is credited by his colleagues and competitors with having taken the greatest pictures of the second World War, does not exist. Capa is an invention. There is a thing in the shape of a man—short, swarthy, and carrying itself as if braced for something, with spaniel's eyes, a carefully cynical upper lip, and good luck in the whole face; and this thing walks along and calls itself Capa and is famous. Yet it has no actuality. It is an invention all the time and in all respects.

Capa was invented in 1935. In that year, in Paris, a certain Andrei Friedmann was a photographer in one way: he owned a camera. Mostly he carried this instrument—a Leica, with one lens and one button to push—to and from a pawnshop. The camera spent three weeks in pledge at the shop to each week it spent in Friedmann's hands. To facilitate the camera's commutation, the obscure photographer rented an office adjacent to the pawnbroker's; this took what little money he had but simplified the hocking and unhocking. These transactions became monotonous. One evening Friedmann and his sweetheart, a girl named Gerda, had an idea.

Andrei and Gerda decided to form an association of three people. Gerda, who worked in a picture agency, was to serve as secretary and sales representative; Andrei was to be a darkroom hired hand; and these two were to be employed by a rich, famous, and

• Slightly Out of Focus, *to be published this month by Henry Holt & Co., is a collection of war photographs with personal narrative by the man who took them.*

Abb. 34 *John Hersey: The Man Who Invented Himself,* '47 the Magazine of the Year, *September 1947, S. 68/69.*

Durch Hersey erfuhr die amerikanische Öffentlichkeit erstmals auch die Vorgeschichte, von den Anfängen im Paris der 1930er Jahre, als „Friedmann and his sweetheart, a girl named Gerda" den amerikanischen Fotografen Robert Capa erschaffen hatten, und wie sie in den Spanienkrieg gezogen waren, wo Gerda umkam.[44]

„Slightly out of Focus" machte aus Capa einen Popstar des Fotojournalismus. Das Augenzwinkern und den stets leise ironischen Tonfall des Buches wird er zeitlebens ebenso beibehalten wie seinen rebellischen Schalk und die coole Selbstinszenierung mit Zigarette im Mundwinkel - wahlweise in Maßanzug oder Militärkluft. Betont lässig gab sich der prominente Fotograf auch in einem Interview des nationalen Radiosenders NBC, wo er im Oktober 1947 anlässlich des Erscheinens seiner Autobiografie befragt wurde.[45] Capa präsentierte sich als einer, der für ein gutes Bild zwar mutig sein Leben riskierte, dem jedoch auch der Zufall zu Hilfe kam. Etwa bei seinem ikonischen Foto des „Falling Soldier" im Spanischen Bürgerkrieg, den er, die Kamera über den Kopf haltend, fotografiert habe: „Das beste Bild, das ich je geschossen habe, habe ich nie im Fokus gesehen." Auch „Last Man to Die", das erschütternde Foto eines Todes vom Kriegsende 1945 in Leipzig, schilderte Capa dem Moderator, gebe es eigentlich nur, weil er sich vom Wohnhaus oben mit Ausblick auf die Brücke ein gutes Bild von den letzten Kämpfen erhofft hatte. „In unserem Sektor", erklärte er, sei das vielleicht wirklich der letzte Mann gewesen, der getötet wurde. „Ein sehr sauberer, irgendwie schöner Tod", befand Capa, der viel Leid gesehen hatte und ohnehin davon überzeugt war, dass sich das Grauen des Kriegs nicht wiedergeben ließ. Die Dosis Realität, die er vermitteln konnte, die war in seinen Fotografien eingefangen.

Fotograf, Autor und Agenturchef

In den späten 1940er und frühen 1950er Jahren reiste Robert Capa als Korrespondent für Magnum Photos um die Welt und genoss alles in allem ein glamouröses Leben. Seine Prominenz öffnete Türen und verschaffte Magnum lukrative Aufträge. Etwa mit *Holiday*, einem amerikanischen Reisemagazin für die Upper Class, das in aufwendigen Bildreportagen noble Hotels und die schönsten Urlaubsziele der Welt vorstellte. Bald war das Magazin einer der treuesten Kunden der Agentur und schmückte sich mit dem weltbekannten Fotografen als Mitarbeiter. Letztlich wurde Capa sehr gut dafür bezahlt, dass er Urlaub mit der internationalen Hautevolee machte, „möglichst viele seiner üblichen pittoresken Abenteuer" erlebte und amüsante Reiseberichte mit Bildern darüber verfasste. Vom Skifahren in den Alpen bis zum sommerlichen Treiben in Biarritz.[46]

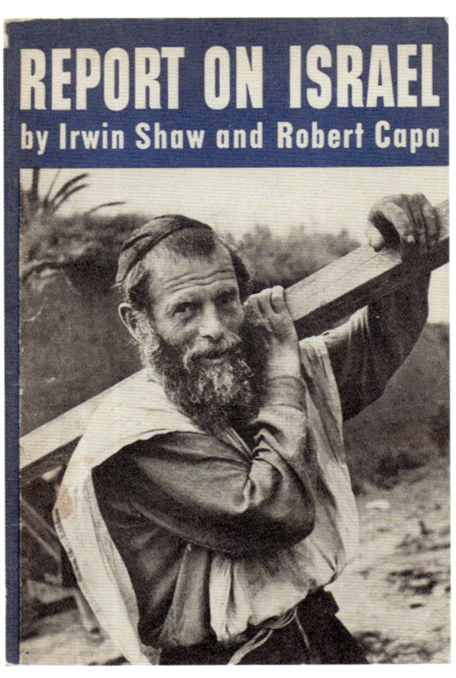

Abb. 35 Cover des 1950 erschienenen Bildbands mit Fotografien von Robert Capas erster und zweiter Israel-Reise.

Parallel und in größtem Kontrast zu touristischen Zielen entstanden Capas sonstige Reportagen. Insgesamt drei Reisen führten ihn nach Israel, wo er am 14. Mai 1948 die Unabhängigkeitserklärung und den daraufhin ausgebrochenen ersten arabisch-israelischen Krieg dokumentierte.

Ein Jahr später berichtete er erneut über den Aufbau des Landes, und 1950 schließlich drehte er einen Dokumentarfilm über den Neuanfang von Holocaust-Überlebenden.[47]

Dazwischen fuhr er an die Côte d'Azur, machte die berühmten Strandfotos von Pablo Picasso und seiner strahlend jungen Frau Francoise Gilot mit Sonnenschirm und Kinderwagen in der Bucht von Golfe-Juan. In Nizza verbrachte er einen Tag mit Henri Matisse, der an Entwürfen für die Chapelle du Rosaire in Vence arbeitete. Capa fotografierte den Malerstar an seinem improvisierten Schreibtisch im Bett sitzend, umgeben von seinen Katzen.

Sein ehrgeizigstes Projekt waren Fotoreportagen über junge Leute, die nach dem Ende des Zweiten Weltkriegs heranwuchsen und für die Capa den Begriff „Generation X" prägte. Magnum-Fotografen auf der ganzen Welt waren in die Studie eingebunden, sollten Ziele, Einstellungen und Erwartungen der Nachkriegsjugend in vierzehn Ländern einfangen.[48] Die Agentur nahm zunehmend eine Schlüsselrolle in der humanistisch-sozialdokumentarischen Fotografie ein. Junge, einfühlsame Fotojournalisten wie Werner Bischof und Ernst Haas waren in die Kooperative aufgenommen worden. Bis zu Capas Tod sollten noch weitere folgen, darunter mit Eve Arnold und Inge Morath auch die ersten Fotografinnen. Magnum wuchs, wurde jünger. Sie alle wussten um das Potential der Fotografie, sowohl Dokument als auch Kunstwerk zu sein.

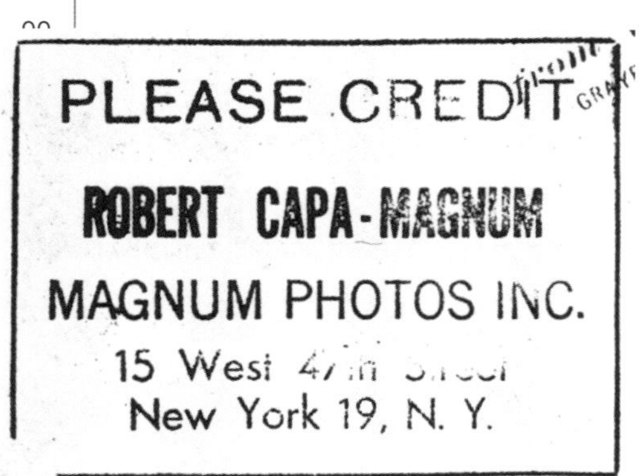

Abb. 36 Magnum-Stempel von Robert Capa

Neben der Kunst der Fotografie waren Freundschaft, Vertrauen und Visionen die wichtigste Währung des Kollektivs. Capa war ein zäher Verhandler – allerdings kaum im Büro anzutreffen. Geschäftliche Besprechungen fanden in Bars und beim Dinner statt. Etwa in seiner Pariser Lieblingsbar, wo er, die Zigarette im Mundwinkel, am Flipperautomat stand und Abschlüsse gerne mit einem Drink besiegelte. Finanziellen Sorgen der Agentur begegnete Capa mit Glücksspiel und kreativem Networking von Unterstützern. Tatsächlich stopfte er beim Pokerspiel oder dank heißer Tipps beim Pferderennen so manches Loch in der Kasse. Heute ist die Agentur beides, erfolgreich und legendär. Ohne Capas Enthusiasmus jedoch hätte sie es kaum über die ersten Jahre geschafft, hätte es die von Magnum angestoßene Revolution hin zu einem unabhängigen Fotojournalismus so nicht gegeben.[49]

Kalter Krieg – Bittere Zeiten

Im Februar 1953 wurde der Fotograf zur amerikanischen Botschaft in Paris gerufen, wo ihm umgehend der Pass entzogen wurde. Wie zahlreiche Schriftsteller, Intellektuelle und Emigranten, die sich gegen Hitler und den Faschismus gestellt hatten, wurde er in der McCarthy-Ära verdächtigt, Kommunist zu sein. Er durfte nicht mehr reisen, was für Capa einem Berufsverbot gleichkam. „Diese plötzliche Wendung der Ereignisse war ein Schlag nicht nur für Capa, sondern möglicherweise für die gesamte internationale Magnum-Agentur, die nun Gefahr lief, als kommunistische Frontorganisation auf die schwarze Liste gesetzt und zur Schließung gezwungen zu werden, wie zwei Jahre zuvor die in New York ansässige Photo League."[50]

McCarthy-Ära McCarthy-Ära bezeichnet das politische Klima in den frühen 1950er Jahren, der Anfangszeit des Kalten Kriegs in den Vereinigten Staaten. Sie war durch einen lautstarken Antikommunismus, Denunziationen und Verschwörungstheorien geprägt. Das FBI ermittelte und es kam zu Vorladungen und Verhören politisch Verdächtiger vor parlamentarischen Untersuchungsausschüssen, darunter Künstler und Intellektuelle wie Bertolt Brecht und Thomas Mann, die als Antifaschisten vor den Nationalsozialisten hatten fliehen müssen.[51]

Magnum wandte sich an jenen New Yorker Rechtsanwalt, der zwei Jahre zuvor erfolgreich Capas Kollegin bei *Life*, Margaret Bourke-White, vertreten hatte, als man sie angeklagt hatte, Kommunistin zu sein. Das FBI hatte, wie man heute weiß, in den 1940er Jahren eine Akte „Friedmann/Capa" angelegt. Dank des teuren Anwalts, und weil letztlich nichts Stichhaltiges gegen ihn vorlag, bekam er nach aufwühlenden Monaten seinen Reisepass zurück. Auch zu Gerda Taro war 1949, zwölf Jahre nach ihrem Tod, eine Akte „Gerta Pohorylle" erstellt worden. Im Kalten Krieg wurde ein völlig undifferenziertes Bild vom frühen antifaschistischen Kampf gegen Hitler und Franco gezeichnet. Ehemalige Spanienkämpfer galten generell als gefährliche Kommunisten, Exilanten standen unter Generalverdacht. Sowohl die Akte Friedmann als auch die Akte Gerta Pohorylle wurden vor der Freigabe zensiert, in Capas Fall manche Seiten fast völlig geschwärzt.[52]

Die letzten Tage des Robert Capa

Im April 1954 war Capa für *Camera Mainichi* in Japan unterwegs, wo seine Arbeit sehr geschätzt wurde und ihn junge Reporter wie einen Star feierten. „Innerhalb von wenigen Tagen hat man mir fünf Kameras, vierzehn Objektive und dreißig Blumensträuße geschenkt", heißt es in einem Brief an Magnum Paris. In Tokio traf er seine alten Freunde Seichii „Ino" Inouye und Hiroshi Kawazoe wieder. Gerda und er hatten die beiden 1935 zufällig in Cannes kennenlernt. Die jungen Japaner hatten ein Auge auf die graziöse Gerda geworfen. Später in Paris waren sie alle gute Freunde geworden, und jetzt hatte Ino „Slightly out of Focus" mit ins Japanische übersetzt.[53]

Ende des Monats kam von *Life* die Anfrage, ob er (da derzeit in Fernost), kurzfristig für einen Kollegen in Vietnam einspringen könnte, der über den französischen Indochinakrieg berichtete. Am 9. Mai 1954, zwei Tage nach der Niederlage der Franzosen in Dien Bien Phu, erreichte Robert Capa Hanoi. Zum ersten Mal in seinem Leben stand er auf der Seite der Besatzer. Entscheidend war wohl, dass der größte Kriegsfotograf der Welt dringend Geld brauchte. Tausende Dollar an Anwaltskosten mussten beglichen werden, die sich angehäuft hatten, um die Kommunismus-Anschuldigungen juristisch abgesichert widerlegen zu können.[54] Einige Tage später flog er nach Luang Prabang im Norden von Laos, wo Capa jene schwer verwundeten französischen Soldaten fotografierte, die in Dien Bien Phu gefangen genommen und von den Vietminh freigelassen wurden. 800 Schwerverletzte von 11 000 französischen Gefangenen – die Schlussphase des Indochinakrieges hatte begonnen. In Nam Dinh, einem im Delta des Roten Flusses gelegenen Ort südöstlich von Hanoi, fotografierte Capa einen Militärfriedhof: dicht an dicht weiße Kreuze mit Nummern und Namen versehen. Vor einem der Gräber eine weinende, vom Schmerz überwältigte Vietnamesin, ihr kleines Kind auf dem Schoß.

Vier Tage später, am 25. Mai 1954 begleitete er von Nam Dinh aus mit zwei Journalistenkollegen einen französischen

Armeekonvoi. 200 Fahrzeuge, Panzer und 2000 Mann, die zwei unhaltbare Außenposten im Delta des Roten Flusses evakuieren und sprengen sollten. Sie durchquerten den Fluss und fuhren dann – unter Beschuss des Vietminh – Richtung Thai Binh. Capa fotografierte die Bauern auf den Reisfeldern neben der Straße und die ausschwärmenden Minensuchtrupps mit ihren Metalldetektoren. Während der Konvoi an einer Stelle anhielt, sprang er ungeduldig vom Laster und fotografierte Infanteristen, die durch das hohe Gras in den Feldern vorrückten – ein Foto in Schwarzweiß und ein fast identisches in Farbe. Es waren seine letzten Bilder.

Als Robert Capa die Böschung des Deichs hinaufstieg trat er auf eine Landmine, die ihn tödlich verletzte. Offizieller Todeszeitpunkt: 15.10 Uhr.[55]

Robert Capa war vierzig Jahre alt und bereits eine Legende des Fotojournalismus, als er starb. Er hatte fünf Kriege fotografiert und war, wie Gerda Taro, dort umgekommen, wo seine wichtigsten Bilder entstanden waren – an vorderster Front. Er hinterließ einige unbezahlte Hotelrechnungen, ein paar Kameras. Sein Zuhause war so mobil wie sein Fotoapparat – Robert Capa hatte kein einziges Möbelstück besessen.

Anmerkungen

1 Zu Kindheit und Jugend in Stuttgart, siehe: Irme Schaber, *Gerda Taro – Fotoreporterin. Mit Robert Capa im Spanischen Bürgerkrieg*, Marburg 2013, 11-35.

2 Hugo Gaudig setzte sich für Mädchenbildung ein und gilt als „Architekt einer Schule der Freiheit". Vgl.: https://dewiki.de/Lexikon/Hugo_Gaudig; https://www.yumpu.com/de/document/view/15019588/hugo-gaudig-und-die-madchenbildung-schulmuseum-leipzig (letzter Zugriff 3.4.2024).

3 Jane Wegewitz, Tom Pürschel, *Broder, Cerf & Löbl – Nachbarn auf Zeit*, Berlin 2017.

4 Bis 1933 war Bar Kochba Leipzig der größte jüdische Sportverein in Deutschland, siehe: Yuval Rubovitch, *Mit Sportgeist gegen die Entrechtung. Die Geschichte des jüdischen Sportvereins Bar Kochba Leipzig*, Leipzig 2020.

5 Solveig Höppner: *Die Zelle Zentrum im antifaschistischen Widerstand in Leipzig 1933/34*, (Diplomarbeit Universität Leipzig) Leipzig 1991, 31.

6 Neben Berlin war die Partei besonders stark im sächsischen Raum um Leipzig und Dresden vertreten, siehe: Hanno Drechsler, *Die Sozialistische Arbeiterpartei Deutschlands (SAPD)*, Meisenheim am Glan, 1965.

7 Solveig Höppner (Anm. 5), 31, 56; Vgl. dazu auch: Sascha Lange, *Die Leipziger Meuten. Jugendopposition im Nationalsozialismus*, Leipzig 2018.

8 Volker Hoffmann, *Der Dienstälteste von Plötzensee. Das zerrissene Leben des Musikerziehers Alfred Schmidt-Sas (1895-1943)*, Berlin 1998.

9 Zu „Dephot" und Capas Mentor Simon Guttmann, siehe: Herbert Molderings, *Eine Schule der modernen Fotoreportage. Die Fotoagentur Dephot (Deutscher Photodienst) 1928 bis 1933*, in: Fotogeschichte, Heft 107, Jg. 28, 2008.

10 Schaber (Anm. 1), 82f., 86; Vgl. Thomas Michael Gunther, Marie de Thézy, *Alliance Photo. Agence photographique 1934-1940*, Paris 1989; Zum künstlerischen Umfeld der Agentur und der Arbeit mit Mittelformatkamera, siehe: http://renezuber.fr/. Taro arbeitete erst als Bildredakteurin für Eisner, später erfolgte die Spanienberichterstattung von Capa, Chim und ihr über Alliance Photo: https://visual-history.de/2023/07/17/hartmann-agentin-und-gruenderin-maria-eisner/ (letzter Zugriff 3.4.2024).

11 Brief André Friedmann an Julia Friedmann, Paris 15.11.1935.

12 Julia Franke, *Paris – Neue Heimat? Jüdische Emigranten aus Deutschland 1933-1939*, Berlin 2000, 150.

13 Richard Whelan, *Die Wahrheit ist das beste Bild. Robert Capa. Photograph*, Köln 1989, 116ff.

14 Zur „Association des Écrivains et Artistes Révolutionnaires" vgl. Arno Münster, *Antifaschismus, Volksfront und Literatur. Zur Geschichte der „Vereinigung revolutionärer Schriftsteller und Künstler" (AEAR) in Frankreich*. Hamburg / Berlin 1977. Bedeutende Intellektuelle wie André Gide gehörten dem Verband ebenso an wie die Fotokünstler Germaine Krull, Man Ray und Brassai.

15 Carlos Collado Seidel, *Der Spanische Bürgerkrieg. Geschichte eines europäischen Konflikts*, München 2010. Patrik von zur Mühlen, *Spanien war ihre Hoffnung. Die deutsche Linke im Spanischen Bürgerkrieg 1936-1939*, Berlin/Bonn 1983.

16 Franz Borkenau, *Kampfplatz Spanien: Politische und soziale Konflikte im Spanischen Bürgerkrieg. Ein Augenzeugenbericht*, Stuttgart 1986, 95f.

17 Die einäugige Spiegelreflexkamera mit Tausendstel Sekunde der Firma Franz Kochmann aus Dresden war 1935 auf den Markt gekommen und relativ günstig, siehe Schaber (Anm. 1), 84, 97.

18 Ebenda, 113-120; Richard Whelan, *This is War! Robert Capa at Work*, New York/Göttingen 2007, 53-87, sowie: Irme Schaber, The Falling Soldier. Eine politische Ikone des 20. Jahrhunderts, in: Gerhard Paul (Hg.), *Bilder, die Geschichte schrieben. 1900 bis heute*, Göttingen 2011, 70-79; http://elrectanguloenlamano.blogspot.de/2013/12/espejo-cordoba-identified-new-picture.html (letzter Zugriff 8.2.2024).

19 Whelan (Anm. 18), 63.

20 Bernd Hüppauf, *Fotografie im Krieg*, Paderborn 2015, 242.

21 Im Gegensatz zu Robert Capa, dessen Bilder spätestens seit seiner sensationellen Aufnahme vom „Fallenden Milizionär" stets namentlich gekennzeichnet wurden, waren Taros Bilder eher selten mit ihrem Copyright versehen gewesen. Erst durch ihren Tod, mit der retrospektiven Veröffentlichung bereits publizierter Aufnahmen sowie zahlreicher zuvor nie gezeigter Arbeiten, wurde ihre Autorschaft öffentlich kenntlich gemacht. Vgl. Schaber (Anm. 1), 143f.

22 Peter-Matthias Gaede, *Im Dienst der Freiheit*, in: GEO Heft 04/2021, 112-122, hier 118.

23 Schaber 2013 (Anm. 1), 161-165.

24 Jay Allen, Vorwort zu Robert Capa und Gerda Taro, *Death in the Making*, New York 1938.

25 Alex Kershaw, *Robert Capa. Der Fotograf des Krieges*, Berlin 2004, 85.

26 Reinhold Görling, *„Dinamita Cerebral". Politischer Prozess und ästhetische Praxis im Spanischen Bürgerkrieg (1936-1939)*, Frankfurt/M. 1986, 106.

27 Whelan (Anm. 13), 172.

28 Schaber (Anm. 1), 223f. Vgl. auch die Neuauflage des legendären Bildbandes mit einem erhellenden Essay zur Entstehungsgeschichte: Robert Capa, *Death in the Making. Photographs by Robert Capa, Gerda Taro, and Chim*, Hg. Cynthia Young, New York 2020.

29 Cynthia Young (Hg.), *The Mexican Suitcase: The Rediscovered Spanish Civil War Negatives of Capa, Chim and Taro*, 2 Bde., New York / Göttingen 2010; http://museum.icp.org/mexican_suitcase/; http://v1.zonezero.com/exposiciones/fotografos/ziff/ (letzter Zugriff 24.3.2020).

30 Carole Naggar, David 'Chim' Seymour. Searching for the Light. 1911–1956, Berlin / Boston 2022; vgl. auch https://archive.davidseymour.com/; sowie https://www.nga.gov/features/chim-david-seymour.html (letzter Zugriff 28.2.2024).

31 Die Asylpolitik war immer restriktiver geworden. Ende 1938 wurde die gesetzliche Grundlage geschaffen, sogenannte unerwünschte Ausländer zu internieren. Gleich im September 1939 wurden mehr als 20 000 Menschen in Lager gebracht, zit. aus: https://www.dhm.de/lemo/kapitel/ns-regime/etablierung-der-ns-herrschaft/exil-in-frankreich.html#:~:text=Die%20Asylpolitik%20war%20immer%20restriktiver,%E2%80%9Eunerw%C3%BCnschte%20Ausl%C3%A4nder%E2%80%9C%20zu%20internieren (letzter Zugriff 6.2.24).

32 Whelan (Anm.13), 212.

33 Ebenda, 254f.

34 Zit. aus Thierry Grillet, *Vom Krieg, wie Capa ihn sah*, in: Laure Beaumont-Maillet (Hg.), *Robert Capa. Retrospektive*, Berlin 2005, 106.

35 Whelan (Anm. 18), 207–251; vgl. Cay Rademacher, GEO Epoche 44/2010: https://www.geo.de/magazine/geo-epoche/14093-geo-epoche-nr-44-08-10-der-zweite-weltkrieg-teil-2 (letzter Zugriff 3.4.2024).

36 Zit. nach: https://www.iwm.org.uk/history/robert-capa-and-omaha-beach; zur Kontroverse siehe: Coleman Alternate History – Robert Capa at D-Day, https://medium.com/exposure-magazine/alternate-history-robert-capa-on-d-day-2657f9af914, und Deutsche Welle: https://www.dw.com/de/robert-capa-fotograf-des-zweiten-weltkriegs/a-54778641 (letzter Zugriff alle 7.3.2024).

37 Zitiert nach: *Das Tagebuch der Anne Frank*, Berlin (DDR), 1986, 259f.; siehe dazu auch: https://www.annefrank.org/de/museum/sammlung/anne-frank-sammlung/34/karte-der-normandiekuste/ (letzter Zugriff 8.1.24).

38 Zitiert nach Bernard Lebrun, Michel Lefebvre, *Auf den Spuren von Robert Capa,* München 2011, 216. Zur Rolle der Spanier bei der Befreiung von Paris: Denis, Fernandez Recatala, *Ein Panzer namens Don Quichote*, in: Le Monde Diplomatique vom 18.08.2004 - https://monde-diplomatique.de/artikel/!713724 (letzter Zugriff 6.1.2024).

39 Kershaw (Anm. 25), 197.

40 Robert Capa, *Slightly Out of Focus*, New York 1947, 235.

41 Wenige Monate nach Taros Tod begann Capa zu überlegen, wie es weitergehen und mit wem er sich künftig zusammentun könnte. Chim und Cartier-Bresson, als seine engsten Freunde, wurden von Anfang an in Betracht gezogen. Bill Vandivert hatte er bei *Life* kennengelernt und selbst bei den Kämpfen um Neapel 1943, war er am Überlegen und fragte den britischen Fotografen George Rogers an. Vgl. Lebrun/Lefebvre (Anm. 38), 176f.; Whelan (Anm. 13), 194, 240, 276.

42 Ebenda, 345ff.; siehe auch: William Manchester: *In Our Time. The World As Seen by Magnum Photographers*, London 1989, und https://www.planet-wissen.de/kultur/medien/geschichte_der_fotografie/pwiefotoagenturmagnum100.html (letzter Zugriff 19.1.2024).

43 Katharina Menzel-Ahr, Anne Spiller, *Beteiligter Beobachter: Die Fotografien von Henri Cartier-Bresson in Dessau 1945*, in: Philipp Oswalt, *Dessau 1945. Moderne zerstört*, Leipzig 2014, 294. - Dass Krieg traumatische Folgen haben kann (PTPS), war damals wenig bekannt. Vgl. https://www.nationalgeographic.de/wissenschaft/2020/06/geschichte-der-ptbs-von-der-kriegsneurose-zur-traumadiagnose sowie https://freelens.com/fotografie-und-krieg/werdet-hart-aber-bleibt-empfindsam/ (letzter Zugriff 19.1.2024).

44 John Hersey, *The Man Who Invented Himself*, in: 47 Magazine, 1947, siehe: http://www.oldmagazinearticles.com/ww2_photographer_Robert_Capa_book_Slightly_Out_of_Focus_reviewed_by_John_Hersey (letzter Zugriff 28.1.2024).

45 Robert Capa 1947 im Radio-Interview: https://www.icp.org/news/robert-capa-1947-radio-interview (letzter Zugriff 1.2.2024).

46 Siehe Whelan (Anm. 13), 382f., und Mary Panzer, On Holiday, in: https://aperture.org/editorial/holiday/ (letzter Zugriff 25.1.2024).

47 Lebrun/Lefebvre (Anm. 38), 232–237.

48 Den Anfang machte unter der Überschrift „Generation X" eine Serie von Artikeln über die US-amerikanische Jugend in *Holiday*. 1953 erschien die Studie in der britischen Picture Post. Vgl. Richard Whelan, *Robert Capa. The Definitive Collection*, London/New York 2001, 524f. Zur Begriffsgeschichte: https://de.wikipedia.org/wiki/Generation_X (letzter Zugriff 13.3.2024).

49 Marco Robert Büchl, *Shooting War. Kriegsbilder als Bildquellen. Der Zweite Weltkrieg aus Sicht der US-Kriegsfotografie*, Marburg 2009, 122.

50 Nadya Bair, From Antifascism to Humanism. The Legacies of Robert Capa's Spanish Civil War Photography, in: Julia Adeney, Thomas, Geoff Eley (Hg.), *Visualizing Fascism: The Twentieth Century Rise of the Global Right*, Durham/London 2020, 236f. - http://read.dukeupress.edu/books/chapter-pdf/758919/9781478004387-011.pdf (letzter Zugriff 30.1.2024).

51 Zur Ära des republikanischen Senators Joseph McCarthy siehe https://de.wikipedia.org/wiki/McCarthy-%C3%84ra (letzter Zugriff 26.1.2024).

52 John Morris, *Get the Picture. A Personal History of Photojournalism*, Chicago and London 2002, 142f.; Schaber (Anm. 1), 237, 245.

53 Lebrun/Lefebvre (Anm. 38), 248.

54 Whelan (Anm. 13), 408, sowie Nadya Bair (Anm. 50), 238.

55 Whelan (Anm. 13), 414f., sowie Bericht von John Mecklin in Lebrun/Lefebvre (Anm. 38), 254f.

Quellen und Literatur

Der Text basiert auf meiner nach dem Fund des Mexikanischen Koffers überarbeiteten Biografie über Gerda Taro von 2013 sowie der 2019 aktualisierten englischen Edition. Grundlage der Darstellung Robert Capas bildet meine langjährige Zusammenarbeit mit dem Capa-Biografen Richard Whelan mitsamt seinen Publikationen wie auch die enge Kooperation mit Cynthia Young, die über viele Jahre den Nachlass von Capa, Taro und Chim am International Center of Photography (ICP) in New York betreut hat. In meine eigenen Publikationen eingeflossen sind auch unveröffentlichte Dokumente und Informationen aus dem Archivnachlass, wie etwa die von Jozefa Stuart und Richard Whelan geführten Interviews mit Zeitzeugen.

Irme Schaber, *Gerta Taro. Fotoreporterin im spanischen Bürgerkrieg*, Marburg 1994.

Irme Schaber, Richard Whelan, and Kristen Lubben (Hg.), *Gerda Taro*, New York/Göttingen 2007.

Irme Schaber, *Gerda Taro – Fotoreporterin. Mit Robert Capa im Spanischen Bürgerkrieg*, Marburg 2013.

Irme Schaber, *Gerda Taro – with Robert Capa as Photojournalist in the Spanish Civil War*, Stuttgart/London 2019.

Robert Capa, *Slightly Out of Focus*, New York 1947.

Robert Capa, *Death in the Making*. Photographs by Robert Capa, Gerda Taro, and Chim. Hrsg. und Essay von Cynthia Young, New York/Bologna 2020.

Richard Whelan, Cornell Capa (Hg.), *Robert Capa. Photographien*, Köln 1985.

Richard Whelan, *Die Wahrheit ist das beste Bild. Robert Capa. Photograph*, Köln 1989.

Richard Whelan, *Robert Capa, The Definitive Collection*, London/New York 2001.

Richard Whelan, *This is War! Robert Capa at Work*, New York/Göttingen 2007.

Cynthia Young (Hg.), *The Mexican Suitcase. The Rediscovered Spanish Civil War Negatives of Capa, Chim, and Taro*, 2 Bde., New York/Göttingen 2010.

Kleine Literaturauswahl und Weblinks zu Capa, Taro und Chim

Marc Aronson, Marina Budhos, *Eyes of the World. Robert Capa, Gerda Taro, and the invention of modern photojournalism*, New York 2017.

Nadya Bair, *The Decisive Network. Magnum Photos and the Postwar Image Market*, Oakland 2020.

Laure Beaumont-Maillet (Hg.), *Robert Capa, Retrospektive*, Berlin 2005.

Caroline Brothers, *War and Photography*, London/New York 1997.

Dawn Freer (Hg.), *Fred Stein. Paris New York*, Heidelberg/Berlin 2019.

Bernd Hüppauf, *Fotografie im Krieg*, Paderborn 2015.

Alex Kershaw, *Robert Capa, Der Fotograf des Krieges*, Berlin 2004.

Bernard Lebrun, Michel Lefebvre, *Auf den Spuren von Robert Capa*, München 2011.

William Manchester (Hg.), *In Our Time. The World as Seen by Magnum Photographers*, London 1989.

John G. Morris, *Get the Picture*, Chicago/London 2002.

Carole Naggar, *David 'Chim' Seymour. Searching for the Light 1911–1956*, Berlin/Boston 2022.

Susan Sontag, *Das Leiden anderer betrachten*, München 2003.

Amanda Vaill, *Hotel Florida. Wahrheit, Liebe und Verrat im Spanischen Bürgerkrieg*, Stuttgart 2015.

Chim – David Seymour: https://davidseymour.com/

Fred Stein: http://www.fredstein.com/

Henry Cartier-Bresson: https://www.magnumphotos.com/photographer/henri-cartier-bresson/

Magnum Photos: https://www.magnumphotos.com/about-magnum/history/

Zu Capa, Taro, Chim und Mexican Suitcase, siehe International Center of Photography Collection: https://www.icp.org/collections

Über den Mexikanischen Koffer: https://www.icp.org/browse/archive/collections/the-mexican-suitcase; https://schichtwechsel.li/?p=2687&lang=de

Bildquellen

Abb. 1, 1a Collection Irme Schaber (CIS)
Abb. 2 Thomas Müller, Tamm
Abb. 3 Stadtgeschichtliches Museum Leipzig, Johannes Widmann Sammlung, Inventar-Nr. W 7985/1
Abb. 4 Stadtgeschichtliches Museum Leipzig, Fritz Böhlemann/Museum für Geschichte der Arbeiterbewegung, Inventar-Nr. F/97b/AB
Abb. 5 Stadtgeschichtliches Museum Leipzig, Fritz Böhlemann/Museum für Geschichte der Arbeiterbewegung, Inventar-Nr. F/97c/AB
Abb. 6 Sammlung V. Hoffmann, Berlin
Abb. 7 Stadtgeschichtliches Museum Leipzig, Hermann Walter Sammlung, Inventar-Nr. F/8393/2005
Abb. 8 Stadtgeschichtliches Museum Leipzig, Fritz Böhlemann/Museum für Geschichte der Arbeiterbewegung, Inventar-Nr. F/105d/AB
Abb. 9 Collection Irme Schaber (CIS)
Abb. 10 Kathrin Berg, Zürich
Abb. 11 Kathrin Berg, Zürich
Abb. 12 International Center of Photography, New York (ICP), Arbeitsdokumente/ Arbeitsunterlagen Whelan-Schaber
Abb. 13 Fred Stein Archive
Abb. 14 Dieter Mayer-Gürr, Marburg
Abb. 15 International Center of Photography, New York (ICP), Arbeitsdokumente/ Arbeitsunterlagen Whelan-Schaber
Abb. 16 Thomas Pantke, Leipzig
Abb. 17 Archiv Spanischer Bürgerkrieg. Dr. Christof Kugler, Frankfurt/Main
Abb. 18 Archiv Spanischer Bürgerkrieg. Dr. Christof Kugler, Frankfurt/Main
Abb. 19 Collection Irme Schaber (CIS)
Abb. 20 Collection Irme Schaber (CIS)
Abb. 21 Archiv Spanischer Bürgerkrieg. Dr. Christof Kugler, Frankfurt/Main
Abb. 21a Collection Irme Schaber (CIS)
Abb. 22 Archiv Spanischer Bürgerkrieg. Dr. Christof Kugler, Frankfurt/Main
Abb. 23 Collection Irme Schaber (CIS)

Abb. 24 Archiv Spanischer Bürgerkrieg. Dr. Christof Kugler, Frankfurt/Main

Abb. 25 Archiv Spanischer Bürgerkrieg. Dr. Christof Kugler, Frankfurt/Main

Abb. 26 Archiv Spanischer Bürgerkrieg. Dr. Christof Kugler, Frankfurt/Main

Abb. 27 Archiv Spanischer Bürgerkrieg. Dr. Christof Kugler, Frankfurt/Main

Abb. 28 Unesco Courier, 1949. UNESCO Digital Library, https://unesdoc.unesco.org/ark:/48223/pf0000073912 (letzter Zugriff 3.4.2024)

Abb. 29 Archiv Spanischer Bürgerkrieg. Dr. Christof Kugler, Frankfurt/Main

Abb. 30 Anne Frank Haus, Amsterdam

Abb. 31 Combat Film der 69th InfDiv Ass. http://www.69th-infantry-division.com

Abb. 32 Stadtgeschichtliches Museum Leipzig, Hermann Walter Sammlung, Inventar-Nr. F/8859/2005

Abb. 33 Life Magazine, 14.5.1945 © International Center of Photography, New York (ICP)

Abb. 33a Stadtgeschichtliches Museum Leipzig, Inventar-Nr. F/2016/10 © International Center of Photography, New York (ICP)

Abb. 33b Stadtgeschichtliches Museum Leipzig, Inventar-Nr. F/2016/8 © International Center of Photography, New York (ICP)

Abb. 33c Stadtgeschichtliches Museum Leipzig, Inventar-Nr. F/2016/15 © International Center of Photography, New York (ICP)

Abb. 33d Stadtgeschichtliches Museum Leipzig, Inventar-Nr. F/3358/2005 © International Center of Photography, New York (ICP)

Abb. 33e Stadtgeschichtliches Museum Leipzig, Inventar-Nr. F/3359/2005 © International Center of Photography, New York (ICP)

Abb. 34 John Hersey: The Man Who Invented Himself, '47 the Magazine of the Year, September 1947, 68–77.

Abb. 35 Archiv Spanischer Bürgerkrieg. Dr. Christof Kugler, Frankfurt/Main

Abb. 36 Collection Irme Schaber (CIS)

Abb. 37 CAPA Culture gGmbH

Abb. 38 CAPA Culture gGmbH

Abb. 39 CAPA Culture gGmbH

Über die Autorin

Irme Schaber
studierte Kunstgeschichte und Kulturwissenschaft, lebt als freie Autorin, Kuratorin und Kunstvermittlerin bei Stuttgart. Schwerpunkte: Kunst der Gegenwart, Fotografie und Exilforschung. 2007 erarbeitete sie für das International Center of Photography (ICP) in New York die erste Gerda Taro-Ausstellung. 2013 erschien ihre große Biografie über die Fotoreporterin und Partnerin von Robert Capa.

Bowmanstraße
aymond J. Bowman. 2.4.1924–18.4.1945. US-amerikanischer Soldat. sein To
s Jahnallee 61 wurde durch das Foto "Der letzte Tote des Krieges" weltb

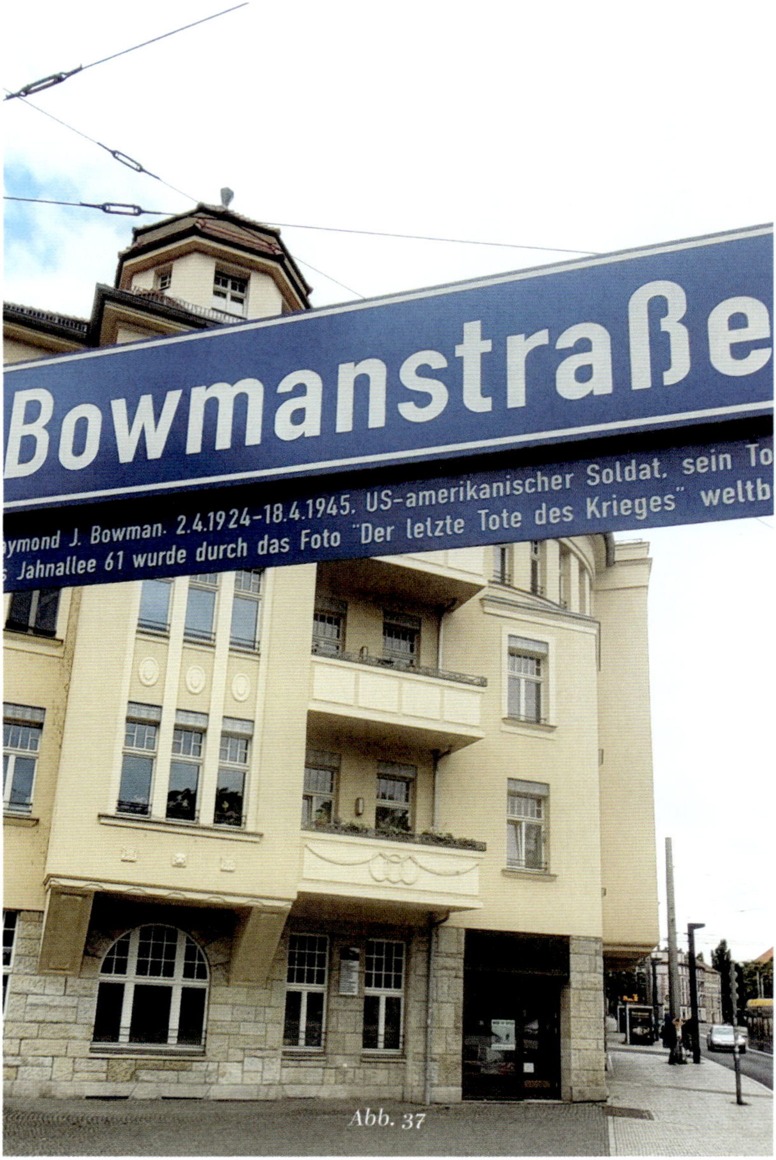

Abb. 37

Das „Capa-Haus“

Nach dem Ende des Zweiten Weltkriegs war das Haus in der Frankfurter Straße 39 wieder ein ganz normales Wohnhaus. Niemand konnte und wollte sich an die tragischen Ereignisse vom April 1945 erinnern und vor allem nicht daran, dass die Stadt durch die US-amerikanischen Alliierten besetzt und von der NS-Herrschaft befreit wurde. Erst am 2. Juli 1945 wurde Leipzig von den US-Amerikanern der sowjetischen Armee übergeben und damit Teil der sowjetischen Besatzungszone, ab 1949 der DDR, in deren Erinnerungskultur die westlichen Alliierten kaum eine Rolle spielten.

Im Erdgeschoss des Hauses in der heutigen Jahnallee 61 befanden sich zunächst das Café des Westens, später die Tanzbar Melodie.[1] Nach der politische Wende von 1989/90 und mehreren Eigentümerwechseln verfiel das Haus zusehends. Im Jahr 2011 genehmigte die Stadt Leipzig den Abriss des Gebäudes, das sich in einem desolaten baulichen Zustand befand. Daraufhin setzte sich eine Bürgerinitiative um den Leipziger Kabarettisten Meigl Hoffmann für den Erhalt des Hauses ein. Ein Balkon in der zweiten Etage wurde als der Ort ausgemacht, wo der junge Soldat Raymond J. Bowman am 18. April 1945 ums Leben kam und sein Tod von Robert Capa im Bild festgehalten wurde. Die Bürgerinitiative erfuhr von dem Zeitzeugen Lehmann Riggs, einem US-amerikanischen Veteranen, der sich mit seinem Kameraden Raymond J. Bowman und Robert Capa im selben Raum befand, als dieser seine später als „Last Man to Die“ bekannte Fotoserie machte. Sie startete eine Petition für den Erhalt des Gebäudes. Die Stadt Leipzig bekundete Anfang 2012 den Willen, das Haus

1 Melodie des Westens (24.5.2018), https://geheimtipp-leipzig.de/melodie-des-westens/, letzter Zugriff 23.2.2024.

nicht abreißen zu lassen. Im April 2012 lud der Mitteldeutsche Rundfunk (MDR) Lehmann Riggs aus den USA nach Leipzig ein und ließ dessen Besuch von der Filmemacherin Karoline Kleinert in einer TV-Dokumentation zur Geschichte des Hauses begleiten. Die Rettung des Gebäudekomplexes ist schließlich dem Investor Horst Langner zu verdanken. Ab 2014 wurden das Haus und die Nachbargebäude saniert und rekonstruiert, es entstanden Wohnungen und Gewerbeeinheiten. 2015 wurde ein Teil der Erich-Köhn-Straße in Capastraße umbenannt und ein Jahr später erhielt der Anfangsabschnitt der Lützner Straße den Namen des getöteten Soldaten: Bowmanstraße. Am Gebäude wurde eine Gedenktafel angebracht, das Café Eigler und ein kleiner Ausstellungsraum öffneten im Erdgeschoss ihre Türen. Seither bietet die Dauerausstellung „War is Over – Robert Capa in Leipzig" Informationen über Robert Capa, den 18. April 1945 in Leipzig und die Geschichte des Ortes. Er wurde von der Bürgerinitiative mit Unterstützung des Stadtgeschichtlichen Museums Leipzig eingerichtet.[2] Jedes Jahr findet am 18. April vor dem Capa-Haus eine Gedenkveranstaltung in Erinnerung an den getöteten Soldaten Raymond J. Bowman und seine Kameraden statt, die für die Befreiung vom Nationalsozialismus ihr Leben riskierten oder sogar opferten.

2021 musste das Café Eigler in Folge der Corona-Pandemie schließen.[3] Mit dem Leipziger Stadtratsbeschluss „Erinnerungsort Capa-Haus dauerhaft sichern und weiterentwickeln" vom 15. September 2021 sollte dem Capa-Haus ein neues Nutzungs-

2 Tafel „Chronologische Abfolge der Rettung des „Capa-Hauses" der Ausstellung „War is Over – Robert Capa in Leipzig"; https://capahausblog.wordpress.com/ueber/, letzter Zugriff 23.2.2024.

3 Café Eigler schließt: Das sind die Hintergründe (21.9.2021), https://www.lvz.de/lokales/leipzig/cafe-eigler-schliesst-das-sind-die-hintergruende-CVLN3FMMZKWKIKRIXV5J4JVI5Q.html, letzter Zugriff: 23.2.2024; Geschichte, https://capa-haus.org/#geschichte, letzter Zugriff 23.2.2024.

konzept und eine zukunftssichere Perspektive mit dem Stadtgeschichtlichen Museum als Hauptmieter gegeben werden, die dann mit der Umsetzung des Konzeptes Erinnerungskultur realisiert werden konnte. Seit September 2023 initiiert und verantwortet hier die CAPA Culture gGmbH Veranstaltungen, Projekte und Sonderausstellungen. Das Stadtgeschichtliche Museum Leipzig kuratiert und entwickelt den Dauerausstellungsbereich. Die Bürgerinitiative Capa-Haus ist weiterhin als wichtiger Projektpartner beteiligt. Der ebenfalls hier ansässige Hentrich & Hentrich Verlag für jüdische Kultur und Zeitgeschichte unterstützt den „Erinnerungsort Capa-Haus“ sowohl fachlich als auch personell.

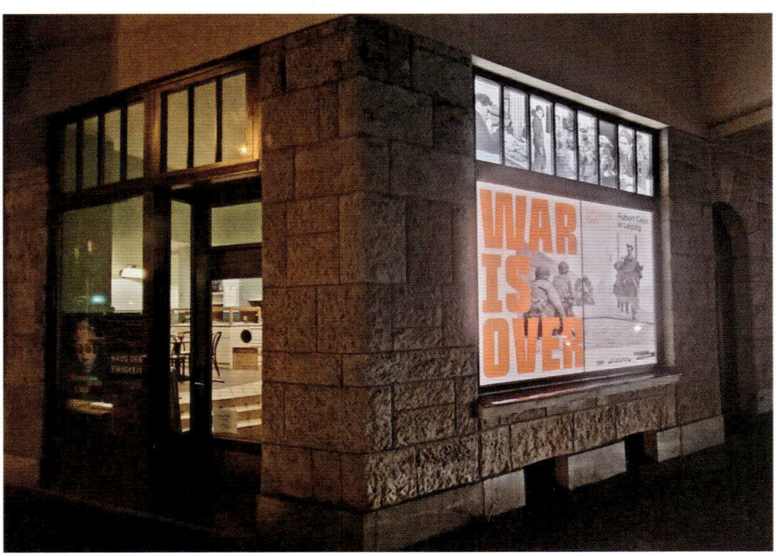

Abb. 38 Dauerausstellung im Capa-Hau

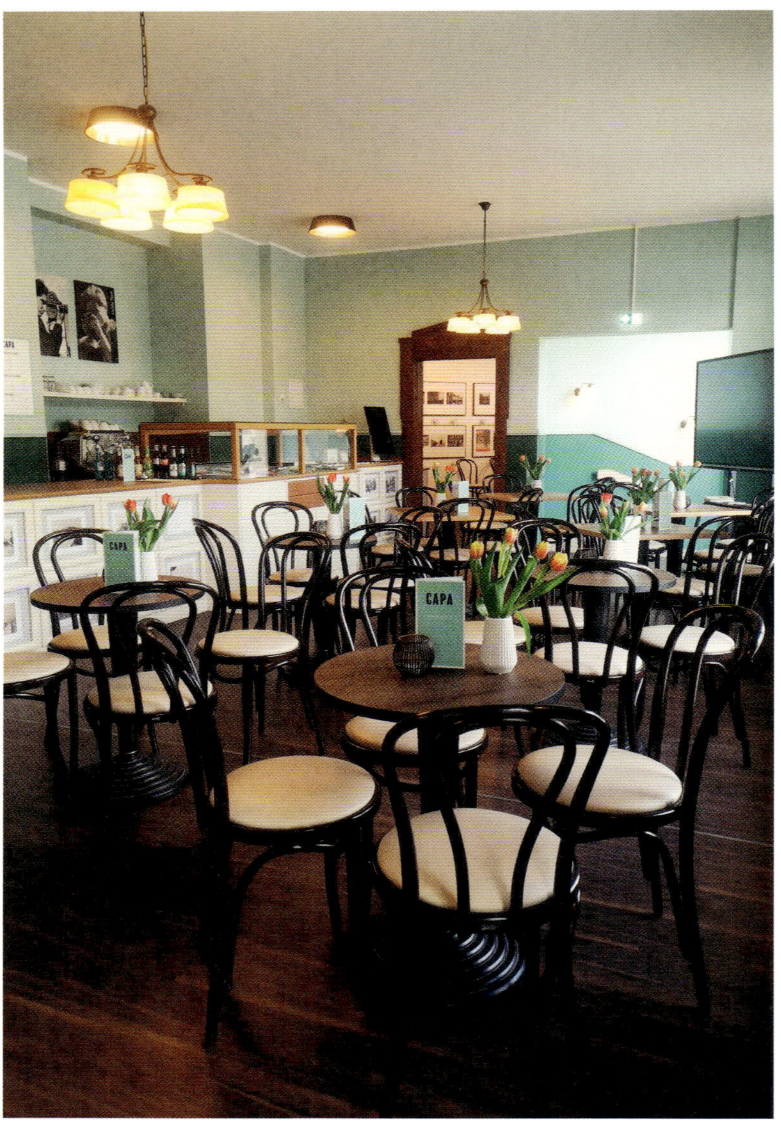

Abb. 39 Gerda-Taro-Lounge im Capa-Haus

Wo Robert Capa im April 1945 seine weltbekannte Fotoserie „Last Man to Die“ machte, befindet sich heute mit dem „Erinnerungsort Capa-Haus“ ein lebendiger und offener Ausstellungs-, Veranstaltungs- und Begegnungsort, der nicht nur Robert Capa, sondern auch seiner Partnerin, der (Kriegs-)Fotografin Gerda Taro, gewidmet ist. Er versteht sich als Raum kritischer Geschichtsarbeit, wo neben dem Ende des Zweiten Weltkriegs, des Nationalsozialismus und deren Aufarbeitung auch andere Kriege, Krisen, Konflikte, aber auch Widerstand, Resilienz und der Kampf um Freiheit und Demokratie aus verschiedenen Perspektiven im Fokus stehen.

Weitere Informationen unter www.capa-haus.org

Gerda-Taro-Erinnerungsorte in Leipzig
Gerda-Taro-Schule
Open-Air-Fotoinstallation Straße des 18. Oktober
Stolpersteine Familie Pohorylle Springerstraße 38/40

Straßennamen
Bowmanstraße | Capastraße | Tarostraße

Gedenkstätten und Geschichtsorte zum Ende des Zweiten Weltkriegs in Leipzig

Capa-Haus
Jahnallee 61, 04177 Leipzig | www.capa-haus.org

Gedenkstätte für Zwangsarbeit Leipzig
Permoserstraße 15, 04318 Leipzig | www.zwangsarbeit-in-leipzig.de

Gedenkstätte Museum in der „Runden Ecke"
Dittrichring 24, 04109 Leipzig | www.runde-ecke-leipzig.de

Kultur- und Begegnungszentrum Ariowitsch-Haus e.V.
Hinrichsenstraße 14, 04105 Leipzig | https://ariowitschhaus.de

Stadtgeschichtliches Museum Leipzig
Böttchergäßchen 3, 04109 Leipzig | www.stadtgeschichtliches-museum-leipzig.de

Völkerschlachtdenkmal
Straße des 18. Oktober 100, 04299 Leipzig | www.stiftung-voelkerschlachtdenkmal-leipzig.de

Mit freundlicher Unterstützung der MONOM Stiftung und des Stadtgeschichtlichen Museums Leipzig

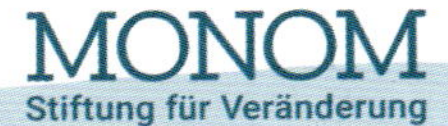

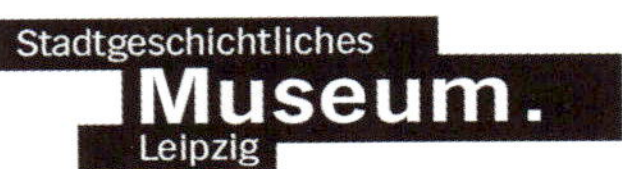

Die Deutsche Nationalbibliothek verzeichnet diese Publikation in der Deutschen Nationalbibliografie; detaillierte Daten sind im Internet über https://portal.dnb.de/ abrufbar.

Inh. Dr. Nora Pester
Capa-Haus
Jahnallee 61
04177 Leipzig
info@hentrichhentrich.de
http://www.hentrichhentrich.de

Umschlag: Gudrun Hommers
Gestaltung: Michaela Weber

1. Auflage 2024

Printed in the E.U.
ISBN 978-3-95565-648-5